지친 하루를
사랑과 이해의 향기로
가득 채우리라

잠깐의 휴식 동안
이 책과 함께 하면 당신에게
그 무엇보다
소중한 선물이 될 것입니다.

나에게
따뜻한
한마디

파주Books

삶에 큰 위협이 되고 인생을 바꿔버릴 만한 병에 걸렸다고 가정해보자. 당신은 혼란스러운 감정에 휩싸이며 모순된 행동을 할지도 모른다. 나는 30년 이상 심리치료사로 일하면서 그런 비극적인 소식을 접하는 사람들을 많이 보아왔다. 질병을 진단받은 사람들은 어쩔 줄 몰라 하고, 사실을 받아들이지 않기도 하며 두려움과 슬픔, 기쁨, 수치심, 안도, 분노와 같은 감정들로 인해 고통스러워한다.

대부분의 사람들은 자신에게만은 그런 일이 일어나지 않을 거라는 자아도취적인 믿음을 갖고 살아간다. 마법 같은 보호막의 도움을 받아 자신은 다른 사람들처럼 불운을 겪지 않을 것이라고 생각하는 것이다. 이것이 우리가 언제 어떻게 일어날지 모르는 위험에 대처하는 방식이다. 실제로 우리는 삶을 통제할 수 있다는 환상 속에 빠져 있지 않은가.

질병에 걸린 사실을 알게 된 순간, 우리는 지금까지 삶을 막연하고 안일하게 생각해 왔다는 것을 깨닫고 당혹스러워 한다. 이상한 나라의 엘리스처럼 벌거벗은 채로 덜덜 떨면서 토끼굴을 통해 새로운 세상으로 굴러 떨어진다. 물론 이 이곳은 삶을 변화시킬 수 있는 아주 흥미진진한 곳이기도 하다. 문제는 이 낯선 세상에서는 지난날의 삶의 규칙이나 정의가 통하지 않는다는 것이다. 우리는 막연한 두려움에 빠진다.

　운이 좋다면 이러한 상황은 오히려 영적으로 깊이 각성하고 새롭게 성장하는 계기가 될 수도 있다. 삶이 뜻대로 흘러가지 않은 덕분에 삶의 목적과 의미를 다시 정의하고, 기분전환을 하고, 자신을 다시 시험할 기회를 얻게 되는 것이다. 예술가라면 파괴의 대가로 돌아오는 것이 있다는 것을 알 것이다. 물론 당신 인생의 예술가는 바로 당신이다.

수십 년간 정신심리학에 관련된 훌륭한 글을 써온 이 책의 저자도 이러한 일을 겪었다. 하지만 그녀는 거기서 그치지 않고, 자신을 비롯해 가족과 사랑하는 사람들의 아픔과 치유를 이야기하며 감동의 연타를 날리는 이 멋진 책을 완성했다.

이 책은 질병이나 상처로 인한 혼란을 걷어내고 절제된 느낌과 희망을 갖게 하며, 나아가 효험까지 느끼게 해준다. 내 손으로는 도저히 해결할 수 없는 아픔과 상처를 겪을 때 이 책을 읽어보면 도움이 될 것이다. 이 책은 단어를 주제로 각기 다른 이야기를 들려준다. 약을 복용하듯 자신에게 꼭 맞는 내용을 찾아 읽을 수 있을 것이다.

이 책은 친절하고 지혜로운 안내서이자 성장을 위한 발판이다. 치유의 여정을 걷던 중 어느 길로 갈지 고민하게 될 때, 어떤 선택을 내려야 할지 알려줄 것이다. 그대의 여행에 축복이 깃들기를 바란다.

목차

어느 날 당신은

마침내 무엇을 해야 할지 깨달았고 시작했다

당신을 둘러싼 목소리들이

불길한 충고를 하고

온 집안이 들썩이고

오래 습관이 발목을 잡고

목소리들이 저마다

"내 인생을 책임지라"고 울부짖었지만

멈추지 않았다

바람이 뻣뻣한 손가락으로 근본을 캐묻고

그들의 우울함이 깊어갈 때에도

당신은 무엇을 해야 할지 알았다

때는 이미 충분히 늦었고, 스산한 밤이었고,

길 위에는 부러진

가지와 돌멩이로 가득했다

그러나 조금씩 조금씩
그들의 목소리가 멀어질수록
별들이 구름의 사이로 빛나기 시작했고
새로운 목소리가 들려왔다.
점점 자신의 것으로 들리기 시작한 그 목소리는
당신이 세상 속으로
깊이 더 깊이 걸어 들어가면서
곁에 두기로 한 것이었다.
당신은 결심했다.
할 수 있는 단 한 가지를 하고
구할 수 있는 단 하나의 생명을 구하리라고

이 책을 통해 당신은 육체적, 감정적, 정신적, 영적 치유와 건강에 대한 이해를 넓힐 수 있을 것이다. 단어들을 늘 가까이 두고 당신에게 가장 좋은 방향으로 활용하길 바란다. 다만 이 책이 다양한 실험 중 하나라는 사실을 잊지 말자. 예를 들어 당신은 처음에는 이 책을 따르다가도 나중에 자신만의 아이디어를 떠올릴 수도 있고, 아예 처음부터 당신의 방식대로 단어를 활용할 수도 있다. 단어들을 사용하는 특별히 옳거나 그른 방법은 없으며, 활용법은 당신에게 달렸다.

1. 매일 단어를 사용하는 의식을 행하자.

의식은 평범한 시간과 공간을 신성한 것으로 바꾸어준
다. 당신은 단어를 통해 마음을 깨끗이 비우고 자신과 타
인의 행복이라는 목표에 집중할 수 있다. 촛불이나 랜턴
을 개인 제단이나 테이블에 올려놓고 의식을 시작하자.
촛불 심지에 불을 붙이고, 집중한 상태에서 당신만의 언
어로 단어를 고르는 목적에 대해 스스로에게 이야기하라.
그 목적은 단어가 당신에게 이야기해주는 것을 '듣기' 위
해서일 수도 있다. 꼭 말이 아니라, 이상한 소리처럼 들릴
수도 있으니 놓치지 말라. 단어의 치유 효과를 아직 경험
하지 못한 사람들 대신 기원하는 것일 수도 있다. 목적을
떠올린 후 단어를 고르자. 단어와 관련된 명언이나 속담
을 읽기 전에 시간을 두고 그와 관련된 생각과 이미지를
떠올려보라. 이 책에 포함된 내용이 아니어도 된다. 선택
은 당신의 몫이다.

2. 잠들기 전 단어를 고르자.

단어에 집중하고, 단어와 관련된 이야기를 읽어보자. 쪽지에 단어를 적어 베개 밑에 놓아두는 등 단어가 당신의 마음속에서 춤추게 해둔 채 잠들자. 단어와 관련된 꿈을 꿨다면 노트에 적어두자. 메모패드나 녹음기를 미리 놓아두면 자다가 몸을 일으킬 필요가 없을 것이다.

3. 단어에 대해 묘사해보자.

  시를 쓰는 것도 좋고, 하모니카를 불거나 피아노의 검은 건반으로 블루스를 연주하듯이 단어를 '연주'하는 것도 좋다. 어떤 '예술'로든 당신이 직접 치유의 단어를 표현해보자.

4. 공원, 정원, 숲이나 사막을 거닐어보자.

당신 안에 잠들어 있던 치유의 단어와 이미지를 떠올릴 수 있을 것이다. 당신은 단어를 통해 받은 영감 때문에 평소 하지 않던 일을 하게 될지도 모른다. 그럴 땐 당신의 감각과 직감, 직관을 따르자. 빵을 굽거나, 전화를 걸거나, 교회나 유대교 회당 혹은 모스크처럼 신성한 장소를 찾거나 강, 사막, 산꼭대기를 찾아갈 수도 있다. 그러한 행동이 당신을 치유의 길로 이끌어줄 표지임을 믿으라.

5. 이 책을 들고 여행을 떠나자.

무언가를 기다릴 때, 빨간불 신호가 켜질 때마다 당신
이 고른 단어에 대해 깊이 생각해보자. 드라이브하며, 전
화를 기다리며 당신이 선택한 단어를 반복해 읽어보자.
대합실이나 약속장소에서 누군가를 기다릴 때도 단어 고
르기는 가능하다.

6. 여러 사람과 함께 단어를 활용해보자.

주변 사람 중 육체적, 감정적, 정신적으로 고통받는 사람이 있다면, 치유를 위해 함께 원으로 모이자. 남자든 여자든 모두가 의식의 대상이 될 수 있다. 치유의 단어와 상징적인 도구들을 통해 건강, 완전함과 치유에 관한 의식을 행해보자. 당신의 종교적, 윤리적 배경을 활용하는 것이 좋을 것이다. 예를 들어 음악을 듣거나 춤을 추는 것도 좋고 이 책을 함께 읽어보는 것도, 다른 영감의 원천이 되는 글을 읽어보는 것도 좋다.

종이에 단어를 써서 바구니를 채울 수도 있다. 자신이 고른 단어를 노래로 표현하고, 원에 앉은 다른 사람의 노래를 듣고, 그의 노래에 화답하는 청중이 되어보는 것도 좋다. 원에 모여 앉은 모두가 드럼을 치고 딸랑이를 흔들며, 참가자의 이름이나 단어를 만트라처럼 외우면서 서로에게 세이지 향으로 스머지 의식(허브초를 태운 연기를 몸에 묻히는 의식)을 할 수도 있다.

이제 당신은 알 것이다. 자신과 다른 사람을 무조건적으로 사랑하고, 연민하고, 용서하고자 단어를 사용한다면, 그 철자를 쓰는 데서 그치지 말고 마음과 영혼을 담아야 한다는 사실을. 어떤 방식으로 단어를 사용하든, 치유와 건강과 행복을 목적으로 하는 이상 그것은 옳은 일이될 것이다. 당신을 이끌어줄 감각, 상상력과 영감에 귀를 기울일 일만 남았다. 가끔은 단어를 선택하지 말고 기다리는 것도 좋다. 아마 단어가 당신을 선택할 테니까.

단어를 선택한 후엔 다음과 같이 질문해보자.

-왜, 지금, 여기서 이 단어를 선택했는가?
-이 단어가 나에게 무엇을 의미하는가?
-내 삶 속에서 이 단어를 어떻게 경험했는가?
-내 삶 속에서 이 단어를 언제 잊어버렸는가?
-치유의 여행과 관련해 이 단어가 무엇을 가르쳐주는가?

이 책에 담긴 명언과 긍정의 주문도 치유의 가능성을 넓혀줄 것이다. 매일 매일 가볍게 읽어보거나, 주의 깊게 읽어보자. 모두 건너뛰고 긍정의 주문만 보아도 상관없다. 이 책을 참고해서 자신만의 긍정의 주문을 써도 된다.

이 책은 각각의 단어와 관련된 다양한 이야기를 들려준다. 어떤 것은 당신도 공감할 만한 일상적 이야기로서 치유의 과정을 새로운 시각으로 보게 해줄 것이다. 나의 이야기이긴 하지만, 이 이야기가 자극이 되어 당신만의 이야기를 그림, 시, 산문, 율동이나 음악으로 창조적으로 표현할 계기가 될 수도 있다. 시대를 뛰어넘는 신화, 경전, 시구, 그리고 당신이 알 법한 노래 가사도 있다. 책 속의 이야기를 이미 접한 적이 있다면 이번에는 '새로운' 눈과 귀로 보아주길, 그리고 이전과 다른 마음으로 다른 상황에 대입해 보아주길 바란다. 그렇게 하면 단어는 몸과 마음뿐 아니라 영혼과도 대화할 특별한 기회가 되어줄 것이다.

정신과 의사이자 심리학자인 시노다 볼린은 저서 『내면에 가까이(Close ti the Bone)』에서 질병이 우리를 영혼의 세계로 인도한다고 말한다. 그녀는 '의식의 경계(liminal)'라는 단어가 '문턱'을 뜻하는 라틴어에서 유래됐다고 한다.

질병은 우리를 삶과 죽음의 사이에 존재하는 세계로 데려가, 벼랑 끝으로 몰아넣는다. 그 세계가 바로 '시간과 공간의 문턱'이라는 것이다.

어떤 문턱이든 그것이 우리가 세상을 새롭게 인식하는 계기가 되는 것은 분명하다. 그동안 당신이 넘어온 문턱을 떠올려보라. 당신은 안전하고, 편안하고, 연결감으로 가득했던 자궁 속 세계를 밀쳐내고 스스로 안전한 장소와 의미 있는 관계를 찾아나가야 하는 이 세계에 태어났다. 이렇게 태어난 이상 당신은 자연스럽게, 혹은 의식적으로 삶의 다음 단계로 통하는 문턱을 넘어야 한다.

예컨대 영아기와 유아기를 지나 청소년기와 사춘기, 성인기, 그리고 노년기를 보내게 될 것이다. 또한 학교생활을 시작하며 초등학교, 고등학교, 대학교를 거치고 군대와 직장이라는 문턱도 넘을 것이다. 한동안 부모님의 집에 살다가도 어느 날은 다른 곳에 살 수도 있으며, 어떤 일의 과도기를 지나거나, 사랑에 빠지거나, 일에 헌신하거나, 중요한 인간관계를 끝낼 때에 또다시 문턱을 넘을 것이다. 직업을 갖거나 그만둘 때도 마찬가지다. 볼린이 말했듯, 육체적 차원에도 문턱이 있다. 질병뿐 아니라 기적처럼 회복을 하게 되는 경우 모두가 "몸 안으로부터, 몸을 대상으로 일어나는 일이며 영혼에 심대한 영향을 미치는 것"이다. 자신과 사랑하는 사람의 몸, 마음과 영혼에 '질병'이 닥쳐왔을 때, 그리고 혼란과 문턱에 맞닥뜨렸을 때 치유의 단어들은 부드럽고 설득력 있는 이야기를 들려준다. 질병에 맞닥뜨렸던 순간을 떠올려보자. 그때의 걱정스러운 마음을 어떻게 추슬렀던가?

　'근심'이라는 단어를 가까이 들여다보면 육체적, 감정적, 영적으로 위기를 맞을 때 시야가 좁아지는 이유를 알 수 있다. '근심(anxious)'은 괴로움(anguish), 불안(angst), 협심증(angina)이라는 단어와 뿌리가 같다. 이 단어들은 모두 '고통'을 의미하는 라틴어에서 유래했다. 또한 게르만어족에서 'ang'는 '압박'을 의미한다. 육체적, 정신적, 영적 질병이 찾아왔을 때 우리는 큰 고통과 압박감을 느낀다. 호흡이 가빠지고, 잠을 이루지 못하고, 식욕이 사라지고, 심장을 연장으로 죄거나 부숴버리는 듯한 느낌마저 받는다. 넓은 시야로 선택의 순간을 바라보는 것은 당연히 어려워진다. 매사 성의 있게 대응하는 것이 아니라 영혼 없이 단순 반응하게 되고, 좁아진 시야로 인해 내면과 바깥 세계를 어둡고 가망 없는 것으로만 보게 된다.

　단어들은 당신이 질병에 걸렸을 때, 마음이 괴로울 때, 그리고 그것을 참기 어려워질 때 마음이 어두워지지 않도록 밝혀줄 것이다. 개인적 차원에서, 단어들은 당신의 내면의 긍정적이고도 자연스러운 치유력을 되찾아줄 것이다. 모두의 차원에서, 단어들은 달조차 보이지 않던 어두컴컴한 밤하늘을 가로지르는 탐조등처럼 한줄기 강렬한 빛이 되어줄 것이다.

이 책에 등장하는 저명한 정신과 의사이자 홀로코스트 생존자인 빅토르 E. 프랭클은 아우슈비츠에 수용된 사람 중 어떤 이들은 공포의 순간에서 살아남았을 뿐 아니라 성장하기까지 했음을 밝혀냈다. "절망의 순간에서도, 바꿀 수 없는 운명을 맞이한 순간에도 삶의 의미를 찾아낼 수 있다는 사실을 잊지 마십시오. 중요한 것은 인간만의 특별한 가능성을 최대한 발휘함으로써 비극을 승리로 바꾸는 일입니다. … 자신의 상황을 바꿀 수 없다면 자신을 바꿔야 합니다."

지금 당신의 상황이 어떠하든, 단어의 도움으로 마음과 몸과 영혼을 치유하고, 사랑이나 평온 같은 긍정적인 느낌을 갖게 되기를 바란다. 단어들은 당신의 숨겨진 가능성을 발견해줄 치유 여정의 동반자다. 단어들은 당신이 인생을 향해 "예스!"라고 외치게 만들어줄 것이다.

풍요
수용
속죄
태도
진정성
균형
아름다움
믿음
축복
몸
숨
도전
변화
혼란
선택
위안
실행
공동체
동정심
고백

#풍요

'주는 것'은 행하면 행할수록 더 많이 하고 싶어지는 욕구라
고 했다. 주는 것과 받는 것은 근본적으로 같으며, 그것은 삶을
열린 자세로 혹은 닫힌 자세로 살아가느냐에 달려 있다. 열린
마음으로 살아가는 사람은 무언가를 주기 위한 중간자이자 전
달자가 된다. 그들은 흐르는 강물처럼 살아가면서 삶의 풍요로
움을 경험하며, 현재의 삶과 함께 강으로 흘러 다시 바다로 태
어난다.

나에게 따뜻한 한마디

나는 내 삶 속에서 풍요로움을 느끼며 감사합니다.

풍요로움은 많이 가졌느냐의 문제가 아니라
가진 것을 바라보는 태도의 문제다.
풍요로움은 말이나 느낌으로만 경험할 수 있는 것이 아니다.
그것은 몸으로도 경험할 수 있다.

-릭 재로우(Rick Jarow)

#수용

진단을 거부하지 말고,
진단에 따르는 부정적 판단을 거부하라.
그 일이 일어나는 대로 받아들이라,
그러나 그 일이 당신이 받아들이길 원하는
방식으로 일어나도록 노력하라.

나에게 따뜻한 한마디

나는 내가 느끼는 바를 스스로 비판하거나
비난하지 않고, 더욱더 인정하며 받아들입니다.

내면이든, 외면이든
당신은 보는 대상을 바꿀 수 없으며,
보는 방식을 바꿀 수 있을 뿐이다.
―타대오 골라스(Thaddeus Golas)

#속죄

 끝마치지 못한 일. 다른 사람과의 끝마치지 못한 일을 남겨두는 것이 왜 우리가 자신과 '하나'가 되는 것을 막는 것일까. 살아있는 혹은 세상을 떠난 배우자, 부모님, 자녀, 친척, 친구와의 끝마치지 못한 일을 끝내기 위해서는 무엇을 해야 할까.

 나 자신과 '하나' 됨으로써 치유되기 위해서는, 먼저 타인과 화해하고 끝마치지 못한 일을 끝내야 한다.

나에게 따뜻한 한마디

타인과 나의 끝마치지 못한 일을
더욱더 많이 알아갑니다.

과거는 과거일 뿐이다.
속죄하는 사람에게는 미래가 있다.
−에드워드 조지 불워(Edward G. Bulwer)

#태도

우리는 태도가 중요하다는 말, 특히 긍정적인 태도를 갖는 것이 중요하다는 말을 많이 듣는다. 하지만 육체적, 감정적, 정신적 질병으로 고통 받는 사람들에게 가장 중요한 마음가짐을 꼽으라면 아마도 낙담하기일 것이다.

지나치게 이상적인 태도에 대한 의무감을 버리면 자신에게 좀 더 솔직해지지 않겠는가?

그렇게 하면 긍정적 결과에 대한 희망뿐 아니라 자애롭고, 친절하고, 사랑스럽고, 즐겁고, 자신감 있고, 너그럽고, 억울하고, 화내고, 우울하고, 암울하고, 두렵고, 침울하고, 비관적이고, 심지어 끔찍한 태도까지도 스스로에게 허락할 수 있을 것이다.

『여자의 얼굴을 한 하느님』에서 저자인 셰리 앤더슨과 패트리카 앤더슨은 이렇게 썼다. "'아는 척하지 않는' 태도를 갖는 것은 우리의 삶을 단단하게 감싼 흙 위에 비를 내리는 것과 같다. 원한다면 비는 우릴 좀 더 부드럽게 만들어줄 것이다. 우리는 인간의 연약함을 연민하며 감사할 수 있을 것이다."

작가인 댄 밀만은 한 소년의 열렬한 의지와 태도를 이야기로 그린 바 있다. 이야기에 따르면 한 소녀가 희귀한 치명적 질병에 걸려 캘리포니아의 병원에 입원한다. 그녀가 회복할 유일한 방법은 다섯 살 많은 오빠의 피를 수혈하는 것뿐이었다. 마침 소년은 기적처럼 똑같은 질병으로부터 살아남았기에 병에 맞설 항체를 가지고 있었다. 소년은 수혈을 결심하기 전 아주 잠시만

망설였을 뿐이었다. 소년은 깊은 한숨을 쉬며 말했다. "네, 리즈를 살릴 수 있다면 그렇게 하겠어요."

수혈을 하는 동안 리즈의 뺨에 생기가 돌아오는 것을 보고 소년은 미소 지었다. 그 후, 소년의 얼굴이 창백해졌다. 소년은 떨리는 목소리로 의사에게 물었다. "이제는 제가 죽는 건가요?" 너무나 어린 소년은 의사의 말을 잘못 알아들었다. 그는 여동생에게 피를 '모두' 주어야 한다고 생각했던 것이다.

나에게 따뜻한 한마디

나의 태도를 자각하려는 의지를 갖는 것은
내 안의 치유의 가능성을 일깨워줍니다.

햇살 쪽을 바라보면 그림자가 보이지 않는다.

-헬렌 켈러(Helen Keller)

#진정성

베스트셀러 『영혼 돌보기』의 저자인 토머스 무어는 자신만의 모양과 색깔로 영혼이 꽃피우도록 해야 창조성을 발휘할 수 있으며, 그렇게 해야 마음속에 타오르는 신념에 따라 살 수 있다고 한다. 그러나 그러지 않고 남들이 말하는 건강이나 일반적인 옳음의 기준에만 맞춰 살면 영혼을 잃는 고통을 겪게 될 것이라고 말한다.

창조성은 어떻게 발휘할 수 있을까? 첫째로, 무어는 '진정한 자신'을 발견해야 한다고 조언한다. 그것은 모순과 독창성을 동시에 지니고 살아갈 수 있어야 한다는 것을 의미한다.

그가 말하는 '진정한 자신'이란 다음과 같다. "무한한 가능성을 가지고 이 세계에 태어난 사람. 즐겁게 정체를 드러내고 나타내도록 운명 지어진 존재. 그는 우리가 사랑에 빠지는 대상이며, 이상적이라고 여기는 리더, 낭만적이라고 여기는 예술가다. 간단히 말해 우리 자신이 이런 사람이 되는 것은 결혼할 때, 학교를 다니기 시작할 때, 혹은 새로운 일을 시작할 때다. 즉 근심과 냉소주의가 아직 들어서지 않은 때다."

이렇듯 진정한 자신은 '기쁨과 함께 피어나는 경이로운 가능성의 씨앗'이다. 그것을 찾기 위해서는 남이 말하는 본보기 같은 인격이 되려 애쓰지 말고, 이미 그런 가면을 쓰고 있다면 그것을 벗겨내야 한다. "현재의 자신이 일반적인 건강이나 옳음의 기준에 적합하지 않다는 이유로 진정한 자신과 다른 누군가가 되려하지 말라. 그렇게 하면 우리는 신이 주신 깊고 영원한 인격과 동떨어져 우리가 누구였는지, 무엇이 되어야 하는지도 잊어버리게 될 것이다."

파블로 피카소는 이런 이야기를 했다. "어머니는 말씀하셨다. '군인이 되면 훌륭한 장군님이 되고, 신부가 되면 훌륭한 교황님이 될 것'이라고.' 그렇게 하지 않고 나는 화가가 되었다. 그래서 '피카소'로 불리게 되었다."

나에게 따뜻한 한마디

막을 걷어내어 깊고 영원한 나 자신으로 돌아옵니다.

온전한 자신이 되어 남과 비교하거나
경쟁하지 않는다면
모두가 당신을 존경하게 될 것이다.

−노자

#균형

기어가 완벽하게 정렬된 차는 부드럽게 달리며
멀리, 빨리 갈수록 에너지를 덜 쓴다.
마찬가지로 생각, 느낌, 감정, 목표, 가치가
균형을 이룰 때 당신은 좋은 성과를 낼 수 있다.
삶의 균형을 유지하며 우리의 안과 밖에 존재하는
놀라운 힘에 감사하는 것은
인생을 살아가는 가장 좋고도 안전한 방법이다.
그렇게 사는 사람은 지혜로운 사람이다.

의사인 엘리자베스 퀴블러로스는 죽음에 대해 연구했으며 자기 자신이 서서히 마비되는 죽음을 겪었다. 그녀에 의하면 치유는 "단지 일어나 걷게 되는 등 육체적으로 무탈해지는 것이 아니라 정신적, 감정적, 지적, 영적으로 균형을 이루는 것"이라고 한다. 신디아에게 균형을 되찾는 것은 지난날의 삶의 방식에 안녕을 고하고 새롭게 살아가는 것을 의미했다.

나에게 따뜻한 한마디

내 몸과, 마음과, 영혼의 목소리를 듣는 시간 속에서
삶의 균형을 이룹니다.

나는 언제나 가벼운 것과 무거운 것의 균형을 맞춘다.
즉 영혼이 흘리는 약간의 눈물과
화려한 눈물과의 균형을.

−베트 미들러(Bette Midler)

#아름다움

신은 모든 것을 만드시되,
때에 따라 아름답게 하셨다.
사람은 마치 스테인드글라스 창문과 같다.
해가 비칠 때는 반짝이며 생기가 넘치지만,
어둠이 드리울 땐 내부에서 나오는 빛에 의해
아름다움이 드러난다.

나에게 따뜻한 한마디

이 세상의 아름다움은 나의 내면에 감춰진
아름다움의 반영입니다.

당신의 주변의 여전히 아름다운 것들을
떠올리며 기뻐하라.

–안네 프랑크(Anne Frank)

#믿음

믿음은 타고나거나 고칠 수 없는 것이 아니다. 믿음 중 일부는 당신을 살게 하고, 어떤 것은 그렇지 않을 것이다. 그러므로 믿음의 종류를 구분할 필요가 있다. 당신의 삶에 도움이 되는 단 하나의 옳은 믿음을 가져야 한다.

당신은 좀 더 완전해지기 위해 더 가져야 한다고 생각할는지 모른다. 그러나 가끔은 덜 가질 필요가 있다. 좀 더 완전해지기 위해 나 자신이 아닌 것을 내보내고, 던져 버리는 것이다….

그렇게 해야 오래, 잘 살 수 있다.

나에게 따뜻한 한마디

나를 도와주지 않는 믿음을 떨쳐내면
더욱 완전해집니다.

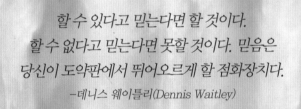

할 수 있다고 믿는다면 할 것이다.
할 수 없다고 믿는다면 못할 것이다. 믿음은
당신이 도약판에서 뛰어오르게 할 점화장치다.

−데니스 웨이틀리(Dennis Waitley)

#축복

축복이 축복이 되는 것은 언제일까? 상대가 고마움을 느낄 때일까? 축복이 말로 전해질 때일까? 그것이 들려올 때일까? 아니면 축복받았음을 머리가 아닌 가슴으로 알게 되었을 때일까? 시인 윌리엄 예이츠는 시 「출렁이는 마음」에서 50세 생일을 맞은 날 혼자 커피숍에 앉아 있다가 '갑자기' 그가 '축복받았고 또한 축복할 수 있음'을 알게 되었다고 했다.

오랜만에 만난 친구와 내가 겨울날 서로를 안아주고 각자 길을 나선 순간, 나는 내가 축복받았으며 또한 축복했다는 사실을 깨달았다.

나에게 따뜻한 한마디

나는 행동과 생각과 뜻을 통해
축복하고 축복받습니다.

어려움은 극복되는 순간
당신을 축복하기 시작한다.

－속담

#몸

전설적인 댄서 마르타 그레이엄은 이렇게 썼다. "당신은 인체의 신비를 알게 될 것이다. 왜냐하면 그보다 멋진 것은 없기 때문이다. 다음번에 거울을 볼 때는 귀가 머리 뒤쪽에 붙어 있는지, 머리카락이 이마 선에 맞춰 자라는지, 작은 뼈들이 당신 손목에 그대로 있는지를 확인하라. 그것은 기적이니까."

몸은 내게 많은 것을 가르쳐주었는데, 모두가 영혼을 충만하게 했다. 춤을 추는 법과 사랑하는 법, 슬퍼하는 법과 음악을 만드는 법. 이제 몸은 치유에 대해 알려준다. 나는 내 몸의 체온과, 근육의 긴장도와, 생각과 기분이 미묘하게 변화하는 것에 집중하는 법을 배우고 있다. 이는 마치 항해사가 수면의 잔물결로 바람을 읽어 항해하는 것과 같다.

나에게 따뜻한 한마디

내 몸의 모든 서로 다른 부분들이 삶이 끝나는 날까지
함께 춤출 수 있음에 감사합니다.

몸은 영혼의 집이 아니던가? 우리는 왜 집이 무너져
폐허가 되지 않도록 보살피지 않는가?

−필로(Philo)

#숨

숨은 우리의 몸을 열어젖히고
비어 있는 모든 공간을 채워준다.

신의 숨결은
나의 삶을 새롭게 채워주어
그가 사랑하는 것을 내가 사랑하게 하며
그가 하려는 것을 내가 하게 하신다.

숨 쉬는 방법 중에 부끄러운 것으로서
하지 말아야 할 것이 있다고 치자.
그렇지 않은 다른 방법이 하나 있는데,
그것은 당신을 그 어떤 길로라도 끊임없이 데려가줄,
사랑이라는 이름의 숨쉬기이다.

나에게 따뜻한 한마디
숨 쉬는 매 순간마다 내가 살아 있음을
새롭게 느낍니다.

숨은 깨지기 쉬운 그릇과 같다.
하지만 그것은 탄생부터 죽음까지 우리와 함께한다.
－프레드릭 르봐이예(Frederick Leboyer)

#도전

누구에게나 모든 것을 걸고 어떤 모험을 받아들이거나 거부해야 하는 상황이 찾아올 수 있다. 이에 대해 심리학자 칼 G. 융은 조심해야 할 때도 있겠지만 도전 그 자체를 거부해서는 안된다고 말했다. "도전하지 않으면 우리는 인간의 가장 좋은 심성을 억누르게 된다. 바로 대담함과 포부다. 삶에 의미를 부여하는 이 소중한 경험을 선택하고, 또 성공해야 한다. 사도 바울이 대담하게 다마스쿠스로 여정을 떠나지 않았다면 무슨 일이 벌어졌겠는가?"

우리는 도전을 통해 전에 가본 적 없는 곳에 가고, 해본 적 없는 일을 함으로써 인생의 새로운 지점에 도달한다. 그로써 우리의 능력을 증명한다. 참으로, 그렇게 증명된 불굴의 용기와, 의지와, 자신에 대한 믿음과 겸손은 다른 사람들도 알아주지 않을 수 없는 것이다.

나에게 따뜻한 한마디
가장 어려운 도전은 나를 강하게 만듭니다.

인생의 도전은 당신을 마비시키는 것이 아니라
자신을 발견하게 해준다.

–버니스 존슨 리건(Bernice Johnson Reagon)

#변화

우리는 왜 변화의 시간을 걱정스럽고 불안정하게만 받아들일까? "내 안의 무엇이 바꿀 수 없는 것들을 받아들이지 못하게 만들까?"라고 나는 묻는다. "바꿀 수 있는 것을 바꿀 용기는 어떻게 가질 수 있을까? 변화에 대한 긍정적 반응과 부정적 반응을 분간할 지혜는 어떻게 가질 수 있을까? 나에게 그 차이점을 알 수 있는 지혜가 있을까?

변화의 첫걸음은 받아들이기다. 자신을 받아들이면 변화가 시작된다. 그것이 변화를 위해 해야 할 전부다. 변화는 만드는 것이 아니라 허락하는 것이다.

나에게 따뜻한 한마디

내가 영원히 변한다는 것 그리고 매일 다른 사람이
된다는 것은 자연스러운 일입니다.

받아들이지 않고 경멸하는 것은
당신을 해방하는 것이 아니라 억압한다.

−칼 융(Carl Jung)

#혼란

육체적, 감정적, 정신적 질병에 걸리게 되면 우리는 이러한 공허한 세계에 던져질지도 모른다. 우리는 절망과 혼란과 고독의 바다가 폭풍우 치고 번들거리며 비명을 지르는 가운데서 놀라고 아득해질지도 모른다. 내 삶을 파괴하는 것으로부터 어떻게 살아남을 수 있을지 미친 듯 묻게 될 수도 있다. 그러나 이 오래된 신화들을 진지하게 되새겨본다면, 고통이라는 폭풍의 '눈' 속에서 치유와 평온의 가능성을 발견할 수 있을 것이다. 실제로 우리는 더 좋은 행복한 삶을 위해 새로운 가치관을 갖기도 한다. 이것이 혼돈을 벗어나면 새로운 삶이 찾아온다는 것을 우리 스스로 알고 있다는 증거다.

나에게 따뜻한 한마디

나는 세상의 '참 좋은' 빛이며, 어둠의 밖에서
새 삶을 창조합니다.

당신의 영혼에는 혼돈이 필요하다,
춤추는 별에 생명을 불어넣기 위해서.
–프리드리히 니체(Friedrich Nietzsche)

#선택

사람은 고통 없이는 살 수 없다.
우리는 삶이 주는 고통을 어떻게 이용할 것인지
결정할 수 있을 뿐이다.

신념이 당신을 움직인다. 즉 선택이 선택을 이끈다.

<u>나에게 따뜻한 한마디</u>
나에게는 행복할 의무가 있습니다.
나의 선택이 삶의 질을 바꿉니다.

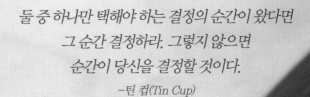

둘 중 하나만 택해야 하는 결정의 순간이 왔다면
그 순간 결정하라. 그렇지 않으면
순간이 당신을 결정할 것이다.

−틴 컵(Tin Cup)

#위안

고통 받는 자에겐 위안이 오고,
안락한 자에겐 고통이 온다.

남은 것이 신밖에 없을 때,
신이면 충분하다는 것을 알게 될 것이다.

그렇다. 죽음의 그림자가 드리운 계곡을 걸을 때에도
나는 해를 입을 것을 두려워하지 않을 것이다.
신이 함께 하시므로, 그의 지팡이와 막대가
나를 편안케 하므로.

나에게 따뜻한 한마디
나에게 위안을 주는 사람들에게 더욱더 감사합니다.

내 손을 꼭 잡아주게, 소중한 친구여.
나는 죽어가고 있다네.

―비토리오 알피에리(Conte Vittorio Alfieri)

#실행

실행에 옮기기 전까지는
계획도 없는 약속과 희망만이 존재할 뿐이다.
새가 조금씩, 아주 조금씩 둥지를 지어 나가듯
실행에 옮기라, 일단 해내면
삶이 그에 보답할 것이다.

나에게 따뜻한 한마디

치유의 여정은 실행에서부터 시작됩니다.

무엇을 하든 그것을 해결하라,
모든 사람을 동원해서,
당신의 전력을 다해서.

−오리슨 스웨트 마든(Orison Swett Marden)

#공동체

함께 고민할수록 슬픔은 덜어진다.

투병으로 인한 아픔과 슬픔을 겪을 때에는 친구, 친척 그리고 낯선 이들까지도 찾아와 우리가 고통을 견디고, 상처를 치유하고, 삶을 향해 긍정을 외칠 수 있도록 도와준다. 그들은 우리를 육체적, 정신적, 감정적으로 풍부하게 해주고 기운을 북돋워준다. 그들은 아무것도 묻지 않는다. 그리고 말로만 그치는 것이 아니라 진심을 담아 우리의 건강과 생존을 간절히 기원한다. 그들은 문가에, 병상에 나타나서는 맛있는 요리, 케이크, 카드와 마음이 담긴 증표를 내민다. 그들은 별 중요치 않은 진전에도 기뻐하며 '만세'를 외친다. 당신이 공놀이를 할 때 그들은 마법처럼 나타나 떨어뜨린 공을 주워준다. 그리고 서로에게 할 말이 남지 않았을 때는 침묵을 지키며 우리 곁에 앉아 있는다.

나에게 따뜻한 한마디

친구, 사랑하는 사람들, 심지어 낯선 이들까지도
받아들일 때 나는 사랑, 보살핌, 지원과 격려를
받게 됩니다.

방문자의 발소리는 약이다.
그것은 질병을 치유해준다.

−반투족 속담

#동정심

동정심보다 무거운 것은 없다.
다른 사람과 함께, 혹은 그를 위해 느끼는 고통은
상상력으로 증폭되고 수천 번 메아리치면서 깊어진다.
그 고통은 나의 고통보다 무겁다.

이따금 세상은 동정심을 거부하는 듯하다.
그러나 동정심은 우리 내면 가장 깊은 곳에서
진실을 이끌어낸다. 그것은 궁극적으로
우리가 세상과 타인에게 주어야 하는 것이다.

나에게 따뜻한 한마디
동정심에는 한계가 없습니다.

어떤 사마리아인은 여행길 도중에
그를 보고는 불쌍히 여겨 가까이 다가갔다.
그리고 그의 상처에 붕대를 감아주었으며, …
그를 보살펴주었다.

─누가 10:33~35

#고백

고백은 영혼에 이롭다고 한다. 나는 더 나아가, 진실을 고백하는 것이 곧 치유이며 그것이 우리의 영혼뿐 아니라 감정과 몸까지도 치유한다고 말하고 싶다. 자카리의 고백을 예로 들고자 한다.

나에게 따뜻한 한마디
고백은 굴곡진 마음을 곧게 펴 치유해줍니다.

죄를 고백했다면 반은 용서받은 것이다.

−프랑스 속담

용기
창조성
춤
어둠
의심
꿈
운동
신념
감정
흐름
용서
미래
선물
은혜
감사
슬픔
성장
치유
건강
심장

#용기

담대함의 정도에 따라 그의 삶은
줄어들기도, 팽창하기도 한다.
어떤 일에 직면한다고 해서 모든 것이 바뀌는 것은 아니다.
그러나 직면하지 않으면 아무것도 바뀌지 않는다.

나는 법을 배우기 위해서는 두려움을 없애는 것이 아니라,
매일 용감해지는 법을 연습해야 한다.

나에게 따뜻한 한마디

두려움을 없애는 것이 아니라,
매일 매일 용감해지는 연습을 합니다.

무언가 두렵다면, 당신은 그것에
당신을 지배할 힘을 내어준 것이다.

−모로코 속담

#창조성

우리의 안에는 치유의 길로 안내하는 창조자가 산다. 상상 속의 인물인 그는 우리를 불러내 삶의 틀을 잠시 벗어나게 해준다. 이때 우리는 미처 발견 못했던, 우리의 몸과 정신과 영혼 속에 잠든 치유의 에너지를 발견하고, 좀 더 컬러풀하고 조화로운 삶을 살게 되며, 다른 시각으로 삶을 바라보게 된다.

불확실성과 미스터리는 삶의 에너지원이다.
너무 두려워 말라. 이들이 당신의 지루함을 덜어주고,
창조성에 불을 지펴줄 것이다.

나에게 따뜻한 한마디

나에게는 원하는 삶을 만들어나갈 힘이 있습니다.

최후의 창조자는 결국 자기 자신이다.

—성 토마스 아퀴나스(Saint Thomas Aquinas)

#춤

춤은 몸보다도 영혼을 치유할 수 있다. 우리 모두가 춤을 통해 고동, 질병, 한계와 두려움을 뛰어넘을 수 있다고 믿는다. 온전함은 팔과 다리가 달렸다는 것을 의미하지 않는다. 음악에 맞추어 몸을 움직일 때 당신은 마음의 문을 열고 기쁨, 즐거움, 화, 분노, 슬픔, 행복 같은 감정들을 표현하게 되고 그로 인해 전에 알지 못했던 자신을 알게 된다. 결국 우리는 춤을 통해 더 풍부한 인생을 경험하고, 삶의 의미를 알게 될 것이다.

걸을 수 있다면 춤추라.
말할 수 있다면 노래하라.

나에게 따뜻한 한마디
영혼을 담아 춤을 추듯이 살아갈 수 있습니다.

인생은 움직임이며, 움직임은 인생이다.
사는 것은 움직이며, 움직이는 것은 살아 있다.
—미르카 내스터(Mirka Knaster)

#어둠

    심각한 질병이나 손실에 고통을 겪을 때마다 탕자처럼 어둡고 부서운 먼 나라에 떨어진 느낌을 받을지 모른다. 그곳에서는 이정표도 소용없다. 우리를 안내해주기는커녕 우리 몸과, 마음과, 영혼의 공허감만 깊어지게 만든다. 걱정스러운 나머지 우리는 이상적이지 않더라도 확실하고 안전한 세계로 도망칠 기회만 찾게 될지도 모른다.

    우리는 병에 걸린 사실을 부정하거나, 명상을 하거나, 향정신성 물질을 남용하거나, 바쁜 상태를 유지함으로써 그 낯설고 불친절한 장소에서 잠시 탈출하기도 한다. 그러나 그런 임시 대용물, 즉 '목발'마저 없어질 때가 있다. 그때서야 우리는 불안한 눈빛으로 두리번거리다 깨닫는다. 어둠에서 빠져나오는 유일한 방법은 그것을 헤쳐 나가는 것이라는 사실을 말이다.

나에게 따뜻한 한마디

어둠 속에 딛는 한걸음 한걸음이 치유를 향합니다.

눈은 어둠 속에서 더 잘 보기 시작한다.
−시어도어 로스케(Theodore Roethke)

#의심

민음과 의심은 따로가 아니라,
동시에 필요한 것들이다.
이 두 가지는 당신이 알 수 없는 굴곡진 길을
지날 때 , 나란히 서서 우리를 이끌어준다.

큰 의심은 깊은 지혜요, 작은 의심은 얕은 지혜다.

나에게 따뜻한 한마디

건강을 위해서는 확신하는 동시에
용기를 내어 의심해야 합니다.

의심은 살아있다는 증거다.

−그레이엄 그린(Graham Greene)

#꿈

꿈꾸는 사람은 행동한다.
꿈이 사라질 것 같거든 재빨리 잡아라,
삶은 날 수 없는 새의 부러진 날개와 같다.

꿈이 아름답다고 믿는 자에게 미래가 있다.

나에게 따뜻한 한마디
꿈은 치유와 건강으로 인도하는
숨겨진 문을 열어줍니다.

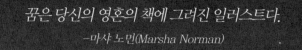

꿈은 당신의 영혼의 책에 그려진 일러스트다.

—마샤 노먼(Marsha Norman)

#운동

육체적으로 운동할 시간이 없다고 생각하는 사람은
조만간 아플 시간을 갖게 될 것이다.
당신의 치유 시스템을 위해 아침에 걷고 밤에 잘 자라,
그러면 어떤 시련이든 견딜 준비가 될 것이다.

나에게 따뜻한 한마디

운동할 시간을 내는 것은 곧 치유의 의식을
행하는 것입니다.

육체 운동은 놀랍게도 지혜를 날카롭게 해준다.

—플리니 2세(Pliny the Younger)

#신념

신념은 늘 존재하지만 잘못된 장소에 놓일 뿐이다. 신념을 지켜야 할 일이 일어나면 우리는 주변을 둘러보며 이야기한다. "앗, 내가 신념을 마지막으로 놓아둔 곳이 어디였지?" 그리고는 잃어버린 열쇠를 찾듯 그것을 찾아다니기 시작하는 것이다.

신념을 되찾기 위해 누군가는 교회로, 유대교 회당으로, 자신만의 영혼의 고향으로 향할 것이다. 누군가는 간절하게 기도하며 신념을 찾으려 노력할 것이다. 하지만 언제나 등잔 밑이 어두운 법이다. 찾기를 포기한 순간에야 찾던 것이 기적처럼 나타나기 마련이다.

나에게 따뜻한 한마디
그대로 이루어지소서.

신념은 마음으로 확인하고,
말로 고백하며, 몸으로 행하는 것이다.

— 수피족 속담

#감정

나는 감정이 결여된 가족 사이에서 자랐다. 이 때문에 어른이 될 때까지 내가 감정이란 것을 가졌는지조차 알지 못했다. 내가 상처받아 울면 아버지는 "그만 울어!"하고 호통을 치셨고, 너무 크게 오래 웃으면 나를 놀리며 모욕감을 주셨다. 화를 내면 벌을 받았고, 착한 일을 하다가 발각될 때면 아버지는 시간낭비하지 말라며 코웃음을 치셨다. "남들을 귀찮게 하지 마라. 아무도 신경 쓰지 않는단다." 아버지는 그렇게 말씀하시곤 했다.

내게 아버지는 반은 신이나 다름없었다. 그런 존재에게 수많은 감정을 허락받지 못하고 억눌린 탓에, 나는 감정을 언제 어디서 표현해야 적절한지 알지 못했다. 예컨대 나는 어린 시절 충치가 많았는데, 그것을 때우러 치과에 갈 때마다 마취제를 거부했다. 대신 죽을힘을 다해 의자를 꽉 잡았고, 의사에게 드릴로 갈라는 신호를 보냈다. 한 번은 의사가 신경을 마취시키지 않은 채 이를 뽑기도 했다. 아버지는 내가 그 모든 고통을 참아내는 것을 몹시 뿌듯해 하시며 자랑하고 다니셨다. 훗날 그분이 용기의 증표라 생각한 것들이 얼마나 이상한 것인지 스스로 깨닫기 되기 전까지는 말이다.

감정을 깊숙이 숨기는 것은, 우리를 치유하기보다는 더 힘들게 만든다. 우리는 직감적으로 그 감정들이 존재하는 것을 안다. 그리고 무의식적으로, 자기 파괴적인 행동을 통해 숨겨진 감정을 드러내게 된다. 수년 동안 나는 손톱을 물어뜯었다. 손톱 주변의 두꺼운 피부층까지 벗겨내고, 그 거친 상처들을 마치 내 내면세계의 지도인 양 탐구했다. 손가락을 만질 때마다 피가 흘렀고, 따끔했고, 그 치과의사의 드릴처럼 내가 살아있음을 느끼게 되었다. 내 손가락이 늘 고기 다지는 기계를 지나온 듯이 흉측해 보인다는 것을 알면서도 나는 자기 파괴적인 악순환을 멈출 수 없었다.

손가락이 아니라 정신과 영혼의 거칠고 두꺼운 층을 벗겨내고 나서야 나는 억눌린 감정에 다가갈 수 있었다. 기쁨, 놀라움, 행복, 황홀함, 자기애를 다시 발견하고 화, 절망, 슬픔, 실망, 두려움을 표현하는 방법을 배워나갔다. 내가 다시 배운 감정 중 가장 중요한 것은 용서였다. 오래 지나지 않아 아버지를 용서할 날이 오고 말았기 때문이다. 그 새로운 감정은 날 뒤흔들어놓았다. 아버지를 용서하고 나서야 내 손은 낫기 시작했고, 마음도 한층 넓어졌다.

나에게 따뜻한 한마디
감정은 진실을 발견하고
상처를 치유하도록 도와줍니다.

느끼는 자는 더 많이 안다.

-밥 말리(Bob Marley)

#흐름

당신은 대지를 상대로 투쟁할 수 있다.
하지만 대지를 상대로 전쟁을 선포할 수는 없다.
바다에 대해서도 마찬가지다.
누군가는 그들과 함께 살고, 그들에게 속하고,
그들의 시간과 방식에 맞춰가야 한다.

인생은 자연스러운 변화의 연속이다.
그것을 거부하지 말라. 어떤 식으로 변화하든
그것을 흘러가게 놓아두라.

나에게 따뜻한 한마디

자연스러운 흐름을 따라 가면
진정한 인생의 물줄기에 합류하게 됩니다.

강을 따라 가면 바다에 닿는다.

−프랑스 속담

#용서

우리가 누군가를 용서했다는 것은 우리에게 상처 준 그 사람을 향한 모든 감정적 지향이 바뀌었다는 것을 의미한다. "그 변화는 그 사람을 대하는 당신의 행동과, 뇌의 작용과, 표현과, 몸짓과, 일상생활을 통해 나타날 것이다." 이와 함께 워딩턴은 'REACH(다가가기)'라는 용서 방법을 소개한다.

R—상처를 떠올리라(Recall).
당신에게 저질러진 잘못을 확인하라.
잘못된 것을 개선하는 데에 집중하라.
E—공감하라(Empathize).
당신에게 상처 준 사람의 동기를 이해하려 노력하라.
A—이타심을 발휘하라(Altruism).
용서를 선물한다고 생각하라.
C—용서하라(Commit).
H—계속 용서하라(Hold on).

나에게 따뜻한 한마디
자신과 다른 사람의 과거의 잘못을 용서하면
나는 친절하고 관대해집니다.

96

용서는 이해하는 것이다.
　　　－프랑스 속담

#미래

미랜란 아직 오지 않은 무기한의 시간
미래는 과거만큼이나 현재에 영향을 크게 미친다.
우리의 생각이 미래를 만든다.

미래에 대한 예언은 설령 맞는다 해도 거짓말이다.

나에게 따뜻한 한마디

나는 자신과의 약속을 현재와 미래에도
지키려 노력합니다.

인간이 미래를 말하면 신은 웃는다.
─중국 속담

#선물

우리는 무엇을 선물이라 하는가? 나는 궁금했다. '선물'하고
사 선물하는 것이 선물일까? 어떤 목적이 있어야 선물이 되는
걸까? 어떤 목적이 없어도 선물이 될 수 있을까? 꼭 포장 끈이
매어진 선물이 아니라도, 받은 이가 가슴 깊이 감사한다면 그것
이 선물일까? 선물을 주는 사람도 무언가를 얻을까? 삶이라는
신성하고 신비로운 선물에 나는 어떻게 보답해야 할까?

나에게 따뜻한 한마디

내가 알지 못하는 순간에도 치유를 선사하는
사람들에게 감사합니다.

삶은 신의 선물이다. 그것을 얻기 위해
우리는 아무것도 하지 않았기 때문이다.
삶을 신에게 돌려줄 시간이 다가와도
우리는 불평할 수 없을 것이다.
   -조이스 캐리(Joyce Cary)

#은혜

신의 은혜는 우리가 큰 고통으로 잠들지 못할 때 찾아온다. 그것은 무의미하고 공허한 삶의 어두운 골짜기를 지날 때 찾아온다. 그것은 우리가 자신에 대한 혐오를, 스스로의 무심함과 나약함과 폭력성을, 방향을 잃고 평정심이 결여되는 것이 참을 수가 없어질 때 찾아온다. 해마다 간절히 기다려도 삶이 완벽하지 않을 때, 오랜 충동이 수십 년간 그래왔듯 우리를 지배할 때, 좌절이 모든 기쁨과 용기를 꺾을 때 찾아온다. 이따금 빛의 파도가 우리의 어둠을 비집고 들어오는 순간, 그 목소리는 말한다. "너를 받아들이노라"고.

나에게 따뜻한 한마디

상처받고 부서진 관계가 치유되는
은혜로운 순간에 감사합니다.

이상적인 인간은 고결함과 신의 은혜로
어려운 순간을 버티며 최선을 다 한다.

−아리스토텔레스(*Aristotle*)

#감사

감사는 삶을 충만하게 해준다.
김사는 우리가 가진 것에 만족하게 해준다.
거부하는 대신 수용하고,
무질서해지는 대신 질서를 찾고,
혼란스러워 하는 대신 확신을 갖게 해준다.
과거를 이해하고, 오늘을 평화롭게 보내고,
내일의 비전을 만들어나가게 한다.

나에게 따뜻한 한마디

타인에게 감사를 표현하는 것은 생각을 행동으로
실천하는 것입니다.

당신을 옮겨준 저 다리에 감사하라.

－영국 속담

#슬픔

우리가 감정 표현에 실패하는 때는 대개 두 가지 경우다. 사랑에 빠질 때와 슬픔에 고통 받을 때. 최근 한 친구는 남편이 세상을 떠났는데도 좀처럼 슬픔이 느껴지지 않았다고 했다. '감정 없이 기계적으로 살아온 결과'라는 것이었다. 하지만 불교의 '겨자씨' 이야기를 보자. 치유를 위해 슬픔을 털어놓을 필요도 있다는 것을 알 수 있을 것이다.

키사 고타미는 가난하고 몸이 허약한 여인이었다. 그녀는 결혼해서 아들을 낳고서야 겨우 존중을 받게 되었다. 어느 날 그녀가 누구보다 사랑하던 아기에게 갑작스러운 질병이 덮쳤고, 아기는 죽고 말았다. 키사는 죽은 아기를 팔에 끼고 다니며 집집마다 문을 두드렸다. 그리고 아기를 살릴 수 있는 약이 있는지 물어보았다. 누구도 그런 약은 가지고 있지 않았다. 어떤 사람들은 그런 일은 불가능하다며 그녀를 비웃었다.

길에 서서 울던 키사를 누군가 부처에게로 데려갔다. 핏기 없는 아이의 얼굴을 보고 부처는 약을 찾으러 자신에게 오길 잘했다고 했다. 부처는 말했다. "먼저 동네로 가서 겨자씨를 받아오십시오. 단, 가족 중 아무도 죽지 않은 집이어야 합니다." 그러면 약을 주겠다는 것이었다.

다음날 아침 키사는 다시 집집마다 문을 두드렸다. 그녀가 "이 집에서 누가 죽은 사람이 있나요?" 하고 물을 때마다 모두

아들, 딸, 부모, 배우자, 이모나 삼촌이 죽었다고 이야기하는 것이었다. 남겨진 가족들의 고통과 슬픔은 말로 다 할 수 없는 것이었다. 석양이 드리울 때쯤 키사는 모두가 소중한 사람을 잃었다는 사실을 깨달았다.

다음날 키사는 울먹이며 죽은 아이를 땅에 묻었다. 그녀는 부처에게 돌아가서 비록 겨자씨는 찾지 못했지만, 대신 누구나 죽는다는 사실을 깨달았다고 말했다. "당신이 저에게 자비를 베풀었듯이, 저도 남을 도우며 살겠습니다." 그 후, 그녀는 다른 사람들을 도우며 살았다.

나에게 따뜻한 한마디

자신에게 슬픔을 허락하면 말로 할 수 없는 것을
말하게 됩니다.

아무도 얘기해주지 않지만,
슬픔은 두려움과 같다.

−C.S. 루이스(C.S. Lewis)

#성장

무엇이든지 스스로 살아남을 만큼 성숙해졌다면 스스로를 책임져야 한다.

당신이 내면의 힘을 충분히 길렀다면, 폭풍과 해일에 흔들릴 수는 있겠지만 더 이상 쉽게 쓰러지지 않을 것이다. 그렇게 다 자란 당신은 성장에 악영향을 미치는 것들과 조화를 이루려 애쓰면 안 된다. 당신이 그것에 조화되어 가야 한다.

나에게 따뜻한 한마디

나의 성장을 돕는 모든 것에 감사합니다.

골칫거리를 없애기보다는 그것과 함께 성장하라.
그것이 삶의 기술이다.
－버나드 M. 바루크(Bernard M. Baruch)

#치유

과거에 나를 도와준 사람은 누구인가? 지금 날 도와주는 사람은 누구인가? 내가 '미비된' 부분을 회복하는 데 도움을 준 신념은 무엇일까? 나에게도 치유라는 목적을 위해 희생해야 할 것이 있을까? 치유되기 전에 나는 반드시 용서하고 용서받아야 할까? 치유는 나 스스로 행하는 것일까, 아니면 외부로부터의 자극제가 필요할까? 치유는 언제 어디에서 시작될까? 그 과정에 끝이 있을까?

소설가 팀 오브라이언은 이렇게 말했다. "아직 일어나지 않았다고 해서 진실이 아닌 것은 아니다." 나는 아직 완전히 치유되지 않았을지도 모른다. 하지만 내 치유의 여정은 언제나 그렇게 될 수 있다고 말해준다. 이것이 내가 마비된 남자의 이야기를 좋아하는 이유다.

나에게 따뜻한 한마디

오늘 나의 치유를 도와준
과거와 현재의 사람들에게 감사합니다.

치유가 필요하지 않은 데 대해 신께 감사하라.

−조안 보리센코(Joan Borysenko)

#건강

히브리어로 '르하임(l' chayim)'은(굽는다는 뜻의 영어표현 '프라이(to fry' em)'와 목소리를 가다듬을 때 내는 '흠' 소리와도 운이 맞는다) '삶' 이라는 뜻이다. 전 세계적으로는 토스트라는 뜻으로 쓰이는 단어지만, '당신의 건강을 위하여' 라는 뜻도 있다. '르하이(l' chayi)'로 쓰이면 또 다른 뜻이 되는데 '하이 (chai)'는 '삶에 대한 희망'을 뜻한다.

자신이나 타인의 건강을 바라면서 삶에 대해 생각하지 않는 것은 불가능하다. 그래서 나는 건강을 기원하는 것이 사실은 '삶에 대한 희망'을 갖기를 바라는 것과 다르지 않다고 생각한다.

르하임, 건강을 위한 선택을 내리세요. 그 선택으로 인해 당신이 건강하고, 번영하고, 장수하기를 바랍니다. 르하임, 치유의 여정에서 새 삶을 시작하는 당신, 그리고 당신을 보살펴주는 사람 모두를 축복합니다."

나에게 따뜻한 한마디

르하임!(L' chayim!)

건강은 여행이며, 질병은 모험담이다.
―마지어드 에반스(Margiad Evans)

#심장

우리는 사랑하는 사람이 죽으면 가슴이 찢어진다는 말을 쓴
다. 우리는 늘 심장을 취했다가 잃었다가 한다. 대담한 사람에
게는 심장이 강하다고 하며, 예민하지 못한 사람에게는 무심하
다고 한다. 상심, 심약, 일편단심, 친절한 심성, 고결한 심성, 용
감한 심기, 상냥한 심기, 따뜻한 가슴, 용맹한 가슴, 열린 가
슴… 심장을 연상케 하는 말은 끝이 없다."

무언가를 **빼앗긴** 것이 아니라
내버려지는 고통에 심장이 터질 것 같은 때가 있다.
그것은 오히려 삶속에서 심장이 뛰는 것을
느끼게 해줄 선물인지도 모른다.
그 속에 고통이 존재하더라도 말이다.

나에게 따뜻한 한마디

내 심장이 중요하게 여기는 것을
소중하게 생각합니다.

슬픔밖에 모르는 심장은 없다.

-영국 속담

희망
유머
상상
불멸
직관
일기
여행
기쁨
웃음
해방
삶
경청
사랑
지도
개선
아침
음악
자연
영양분
현재

#희망

우리는 질병, 상실과 장애물을 넘기 위해 치유의 여행을 떠난
순례자다. 이때 희망은 우리를 격려해준다. 희망은 건강과 활력,
그리고 더 나은 삶을 꿈꾸게 하며, 알 수 없는 미래를 헤쳐 나갈
힘을 준다. 그래서 우리는 계획과 치료, 도움, 기술 등을 이용해
자신을 치유해나가는 것이다. 희망은 우리의 욕망을 지탱시키며
마음과 시선을 목표로 향하게 한다. 희망은 우리에게 억지로 낙
관론자가 되라고 요구하지 않는다. 희망은 어려움 속에서도 냉
소하지 않고 새로운 미래를 향한 문을 열어두는 것이다.

내일을 기대하게 해주는
희망만큼 좋은 치료제는 없다.
그 어떤 동기부여도,
원기회복제도 이만큼 강력하지는 않다.

나에게 따뜻한 한마디
희망은 나의 마음과 시선을 목표로 향하게 하며
나의 치유를 돕습니다.

겨울이 깊었을 때 비로소 나는
내 안에 대적할 수 없는 여름이
존재한다는 것을 깨달았다.

−알베르 카뮈(*Albert Camus*)

#유머

비평가 브룩스 애트킨슨은 유머가 단순히 웃긴 이야기가 아니라고 정의한다. "유머는 자신의 삶에 대한 상상과 현실, 과장과 실제 간의 차이를 폭넓게 인식하게 해준다."

질병에 걸리면 이전에 상상하지 못했던 삶을 살게 된다. 우리가 아는 것은 미래가 불확실하다는 사실뿐이다. 집필과 공연을 하는 유머작가 스티브 베어맨은 유머를 즐기는 사람은 융통성을 갖게 되며, 새로운 관점을 통해 불확실성에 대처한다고 말했다. "수준 높고 역설적인 농담은 듣는 이의 정신을 땅으로 고꾸라뜨려 뿌리 깊은 현실에 굴복하게 만든다."

나에게 따뜻한 한마디

내 안의 차크라(Chakra)를 열어 우주로부터
'웃음'의 기운을 받아들이면 더 많이 웃게 됩니다.

당신은 웃음으로 고통스러운 상황을
반전시킬 수 있다. 심지어 가난 속에서도
유머를 찾아낼 수 있다면
당신은 어떤 어려움에서도 살아남을 것이다.

-빌 코스비(Bill Cosby)

#상상

심리학자 칼 융은 치유는 상상의 세계에서 비롯된다고 말했다. 코리엘은 여기에서 힌트를 얻어 우리의 상상력이 치유에 미치는 영향에 대해 깊이 생각한다. "상상의 세계가 무엇일까?" 그녀는 묻는다. 그리고 다음과 같이 결론 내린다. "상상의 세계는 마음의 눈과 상상의 눈으로 바라보는 세계다. 우리는 상상력이 제대로 평가받지 못하는 문화에서 자랐지만, 실은 그렇지 않다. 만일 무언가를 두려워하는 친구에게 그 감정이 '상상에 불과하다' 거나 '마음먹기에 달렸다' 고 말해주면 그 두려움은 정말 아무것도 아니게 될 것이다. 모든 것이 우리의 마음에 달린 것이다. 그곳에서는 장님이 눈을 뜰 수도, 꿈이 탄생할 수도 있다. 치유도 그곳에서 시작된다."

코리엘에게 치유는 지금의 아픈 모습이 아니라, 건강한 자신의 모습을 계속해서 떠올리는 것이다. 간단한 생각, 아이디어나 마음속 이미지를 통해 그것을 시작할 수 있다. "상상의 세계를 통해 치유하고 싶다면 마음속의 그림을 바라보라. 끌리는 생각에 귀를 기울이고, 입에서 나오는 말을 듣고, 의식적으로 생각과 이미지를 떠올려라. 건강했던 때와 같은 말투로 이야기하라. 치유는 우리가 선택한 삶의 그림 속에 존재한다."

나에게 따뜻한 한마디
치유는 내가 선택한 삶의 그림 속에 존재합니다.

124

나는 내가 생각하는 것이다.
나의 생각으로 세상을 만들어간다.

—붓다(The Buddha)

#불멸

"죽은 후에도 살고 싶다." 홀로코스트로 죽기 전 안네 프랑크는 일기에 이렇게 적었다. 50년 이상 흐른 오늘날에도 사람들은 안네의 일기를 읽는다. 그래서 열두 살짜리 소녀 안네의 용기는 영원히 존재할 것이다.

몸은 썩어 없어지겠지만
몸에 사는 나는 영원하고,
파괴할 수 없으며, 불가해하다.

나에게 따뜻한 한마디
삶이라는 선물에 지금과 같이 영원히 감사합니다.

우리는 안다, 그리고 느낀다.
우리가 영원하다는 것을.

−베네딕트 스피노자(Benedict Spinoza)

#직관

아침에 일어나 내 직관이 어떤 영감을 선사해줄지
상상할 때면 기분이 좋아진다.
그것은 바다로부터의 선물과 같다.
나는 직관으로 일하고 직관에 의지한다.
직관은 나의 동료다.

직관은 거창한 것이 아니다.
모든 사람이 그것을 가지고 있다.
자신이 대단히 직관적이라고 생각하는 이들에게 좋은 소식은,
당신은 이상하지 않다는 것이다.
나쁜 소식이라면, 특별하지도 않다는 것이다.

나에게 따뜻한 한마디
직관이 내게 제공해준 치유의 단어에 귀를 기울이고
믿습니다.

좋은 예술가는 직관이 이끄는 대로 간다.

−노자(Lao−tzu)

#일기

베스트셀러『나를 치유하는 글쓰기』에서 저자 줄리아 카메론은 글쓰기 훈련을 위해시는 매일 이침 엄격하게 의식을 행하듯 세 페이지씩 글을 쓰라고 조언한다. 이는 기도와 비슷하다. 여기에 옳거나 그른 방식은 없다. 하지만 일단 글쓰기를 시작하면, 그 글은 강렬하고도 명료하게 우리 내면의 지도를 그려줄 것이다.

일기쓰기는 치유 과정에 관한 연속적 기록이다.
일기는 수개월, 수년이 지나면, 상처는 아물고
상황은 변하기 마련이라는 것을 증명해줄 것이다.

나에게 따뜻한 한마디
일기쓰기는 영혼과 정신에 목소리를
불어넣는 작업입니다.

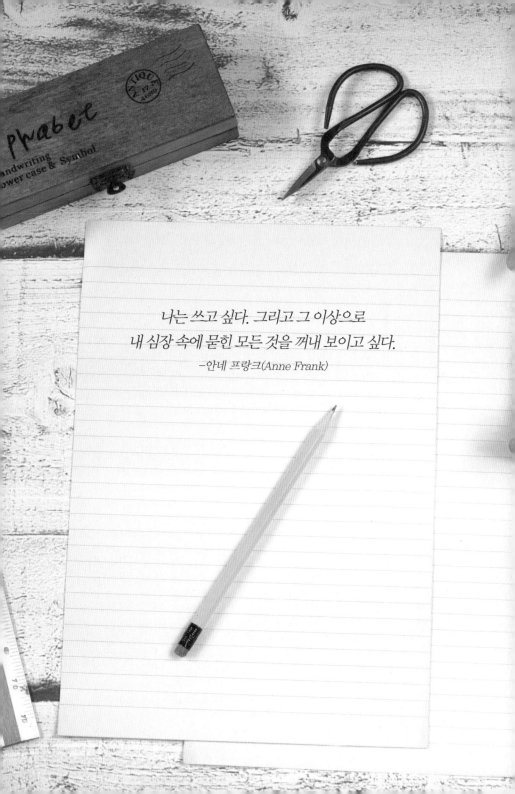

나는 쓰고 싶다. 그리고 그 이상으로
내 심장 속에 묻힌 모든 것을 꺼내 보이고 싶다.

−안네 프랑크(Anne Frank)

#여행

우리는 낯선 곳에서 두려움, 불안감에 싸인 채 방향감각을 잃는다. 다른 사람, 즉 의사나 변호사, 컨설턴트, 성직자 그리고 친구나 친척이 치유의 길로 안내해줄 수도 있다. 하지만 그들이 어떤 위안을 주고 방향을 가리키는지는 중요치 않다, 첫 발을 내딛기 위해 용기를 내야 하는 것은 바로 자기 자신이다. 치유의 여정을 시작하기 전까지는 앞길에 장애물이 있는지, 막다른 길이나 깊은 어둠의 장소가 있는지 알 수 없다. 마침내 목적지에 다다른다 해도 마치 도로시가 그랬듯, 최고의 마법사라 할지라도 우리의 삶을 바꿔줄 수 없다는 걸 깨닫게 될 것이다.

우리의 몸과 마음과 영혼을 치유하기 위한 첫걸음은 반드시 나의 내면으로부터 시작해야 한다. 첫걸음을 디딘 당신은 변화를 현실로 이루어낼 결단력과 강인함, 균형감, 지혜와 자신에 대한 믿음까지도 얻게 될 것이다.

나에게 따뜻한 한마디

치유의 여정은 첫 걸음을 내딛는
용기에서 시작됩니다.

가시와 찔레 숲을 지나오지 않은 여행자는
축복의 안식처에 도달할 수 없다.

−윌리엄 쿠퍼(William Cowper)

#기쁨

인생의 매 순간은 그냥 흘려보내서는 안 될 가능성으로 가득 차 있다. 지금의 시련은 진정한 삶을 살기 위한 준비과정이 아니라 어떤 면에선 꼭 필요한 것인지도 모른다. 인생의 메인 코스는 아니라도, 다양한 메뉴 중 하나라고 볼 수 있지 않을까. 그 모든 시간들 역시 나의 삶이다.… 지금의 자신이, 그리고 내가 장차 되길 바라는 자신이 무엇을 더 이룰 수 있을지 열린 마음으로 생각해보자. 할 수 있는 일을 하기 위해서는, 슬퍼하기보다는 만족을 주는 것들을 즐기자.

나는 일하고, 사랑하고, 휴식하고, 보고, 배운다. 그리고 쓴다. 이는 살아 있는 동안 할 수 있는 일들이다. 이 일들이 내 생명을 보장해주는 것은 아니다. 하지만 이 일을 하며 기쁘게 살아가는 것이 생명을 연장시켜준다는 '믿음'을 가진다면 삶의 목표를 보다 명확하게 추구할 수 있을 것이다.

나에게 따뜻한 한마디

내게 주어진 삶을 기쁘게 받아들이며,
그것이 나의 생명을 연장시켜준다고 믿습니다.

어떤 기쁨도 눈물 없이 얻어지지 않는다.

−필리핀 속담

#웃음

웃음에는 한 가지 이상한 점이 있다. 웃음은 물결을 그리듯 감성에 연쇄반응을 일으키다, 끝에 이르러서는 눈물을 흘리게 만든다. 저널리스트 린다 엘러비는 웃음이 곧 용기라고 했다. "인간은 이따금 우뚝 서서는 태양을 정면으로 바라보며 웃죠. 그대가 인간이 가장 용감한 순간이라고 할 수 있습니다."

『영적 문해(Spiritual Literacy)』의 저자이자 편집자인 프레데릭 및 마리 앤 브루셋은 저서에 아파치 신화를 실었다. 이에 따르면 신은 인간에게 뛰고, 보고, 말하는 능력을 차례대로 주었고, 마침내 웃는 능력을 선사하고 나서야 "살아가기에 적합한 사람이 되었구나."라고 말했다는 것이다. 마리 페트본 풀 역시 웃음에 치유 효과가 있다고 했다. 그는 이렇게 말했다. "웃는 자가 살아남는다."

나에게 따뜻한 한마디
웃음은 내 몸에 힘을 보탭니다.

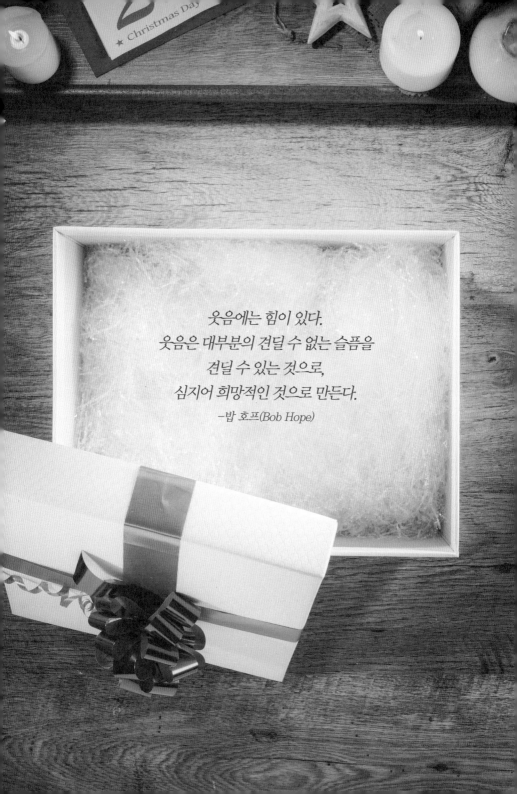

웃음에는 힘이 있다.
웃음은 대부분의 견딜 수 없는 슬픔을
견딜 수 있는 것으로,
심지어 희망적인 것으로 만든다.

–밥 호프(Bob Hope)

#해방

속박에서 벗어나거나 자기 자신이 되기에 가장 좋은 때는 돈
도, 에너지도 없을 때다. 그런데 그럴 때조차 당신을 얼어붙게
만드는 것은 무엇인가? 그런 것이 보잘 것 없다고 말하는 구식
의 잔소리인가? 자신에 대한 섣부른 판단, 의심과 비판인가? 아
니면 변화를 두려워하는 마음인가?

모든 힘을 다해 자유로워지라.
영혼을 다해 자유로워지면
무엇을 더 해야 할지 저절로 알게 될 것이다.

나에게 따뜻한 한마디
자기 위에 군림하지 못하는 자는 자유롭지 못하다.

고통은 생각의
껍데기를 부순다.

-칼릴 지브란(Kahlil Gibran)

#삶

인생은 날것이다. 우리는 장인이다.
우리는 우리의 존재를 아름답게 조각할 수도,
추하게 깎아내릴 수도 있다.
그것은 우리 손에 달렸다.

아직도 진정한 삶을 살 때가 되지 않았다고
말하는 자는 강을 건너기 전에
강이 다 흘러가기를
기다리는 시골 사람과 같다.

당신이 태어났을 때 당신은 울었고
세상은 크게 기뻐했다…
살라, 그리하여 당신이 죽을 때 세상이 울고
당신이 기뻐하게 하라.

나에게 따뜻한 한마디
나는 오늘 선택합니다!

인생이란 당신이 다른 계획을 세우느라
바쁠 때 일어나는 것이다.

-존 레논(John Lennon)

#경청

혼자가 되어 자기 자신이 되는 것이 두려워서…
혹은 너무 유명하거나 낯선 사람을 보았을 때
우리는 당황해서 떨거나 도망치기 일쑤다.
그래서 자신의 마음에 귀를 기울이지 못하고
양심을 무시한다.

자신에게 귀 기울일 줄 알게 되면
자신을 사랑하는 법을 알게 된다.

나에게 따뜻한 한마디
마음에 귀를 기울이고 치유의 말을 듣습니다.

영혼은 보이는 것이 아니라
들리는 것이다.

−헨리 워즈위스 롱펠로(Henry Wadsworth Longfellow)

#사랑

내가 가장 사랑하는 것은 무엇일까? 왜 삶을 얻기 위해 '모든 것'을 다해 사랑해야 한다는 걸까? 가슴, 영혼, 힘, 마음, 능력(다른 이에게 도움될 수 있는). 이들 모두가 빼놓을 수 없는 나의 일부다. 나는 그 사이에 부분과 균열과 파편들이 존재한다는 것을 안다. 나는 각각의 부분이 지닌 목적을 깨달아 나가야 할 것이다. 그렇다면 무엇을 사랑하기 전에 그 목적들을 '모두' 알아내야만 한다는 걸까? 아니다. 오히려 지금 이 순간 모든 것을 바쳐 사랑하기 때문에 그 모든 것을 알아가고 포용하게 되는 것은 아닐까?

나에게 따뜻한 한마디

나의 현재 삶은 나와 타인을 사랑한 결과입니다.

삶의 모든 무게와 고통으로부터
우릴 자유롭게 해주는 말,
그것은 사랑이다.

—소포클레스(Sophocles)

#지도

나에게는 당신의 존재를 그린 지도가 있다.
그 지도에는 온통 당신에 대해 쓰여 있다.

우리 안에는 지도에 그려지지 않은
수많은 나라가 있다.
당신의 내면에 세찬 폭풍우가 불 땐
이 나라들을 떠올려보자.

나에게 따뜻한 한마디
지도는 치유의 여정에서 나쁜 길을 피하게 해줍니다.

자신이 어디로 가는지 모른다면,
어떻게 목적지에 도착하겠는가?

−바질 S. 월시(Basil S. Walsh)

#개선

고대의 사람들에게 만병의 근원은 불행이었다.
그러므로 그들은 환자를 다시 행복하게 해주는 것이
건강을 되찾는 길이라고 믿었다.

영적 삶을 살아가려면 이른바 '개선'을 해야 한다.
매일 자신의 덕목을 지키고 실수를 고쳐나가야 한다.
이때, 우리는 인간 공동체의 소중한 일원이 된다.

나에게 따뜻한 한마디

바느질이 느슨한 곳을 조이며 삶이라는 작품을
고쳐나갑니다.

끝보다는 시작을 고치는 편이 낫다.

—독일 속담

#아침

아침에 안개가 꼈다고 해서 하루 종일 흐린 것은 아니다.
나는 오늘 무슨 일이 일어날지 모른다.
다만 내가 아는 것은 새벽빛이 떠오름에 따라
어둠이 희미해져가고 있다는 사실뿐이다.
오늘 아침도 나는 새로운 삶을 시작한다.

나에게 따뜻한 한마디

아침이 가져다주는 모든 것을
손님처럼 반갑게 맞아줍니다.

나는 매일 아침 일어나서 말한다.
나는 살아 있고, 그것은 기적이며,
그래서 오늘도 힘차게 살겠다고.
-자크 이브 쿠스토(Jacques-Yves Cousteau)

#음악

모든 질병은 음악적이다.
치료에도 음악직 해결책이 필요히다.
해결책이 빠르고 완벽할수록,
그 의사의 음악적 재능도 뛰어난 것이다.

우리는 삶을 연주한다.

나에게 따뜻한 한마디
음악은 몸과 마음을 치유하고
조화롭게 만들어줍니다.

152

음악은 나의 피난처였다.
나는 노트 사이의 공간에 웅크리고 들어가
외로움과 마주보았다.

—마야 안젤루(Maya Angelou)

#자연

자연은 질병을 치유한다.
의약 기술은 환사를 속일 뿐이다.

자연은 인간과 함께 현실을
공동으로 창조하는 존재다.
자연은 마음, 몸과 정신의 균형을 맞추어준다.

주위로 눈을 돌려 자연을 보아라.
자연은 내 안과 밖을 구분하지 않고
모두를 치유의 길로 이끈다.

나에게 따뜻한 한마디
자연을 통해 진정한 본질을 생각합니다.

나는 자연이라는 이름의 신을 믿는다.
−프랭크 로이드 라이트(*Frank Lloyd Wright*)

#영양분

정복할 것이냐, 보살필 것이냐.
몸은 정복해야 할 적이 될 수도,
건강과 행복을 꽃피우도록 보살펴야 할 친구가 될 수도 있다.

축제에서는 두 명의 손님을
즐겁게 하는 것을 기억하라.
당신의 몸과 영혼이다.
허나 몸에게 준 것은 곧 잃고,
영혼에게 준 것은 영원히 가질 것이다.

당신, 그리고 우리에게 기본적으로 필요한 것은 음식, 안선과
사랑이다. 이 세 가지는 서로 섞이고 어우러지고 뒤엉킨 것이어
서 하나만 따로 떼어 생각하기가 어렵다.

나에게 따뜻한 한마디
몸과 마음과 정신에 자기애의 영양분을 공급합니다.

진정으로 기뻐할 때마다
당신은 영양분을 공급받는다.

−랄프 왈도 에머슨(Ralph Waldo Emerson)

#현재

삶을 제대로 사는 유일한 방법은 각각의 순간을
돌아올 수 없는 기적처럼 받아들이는 것이다.
지금 이 순간을 돌아올 수 없는 기적처럼 여겨야 한다.

당신은 과거에 대해 죄책감을 갖거나,
미래를 불안해 할 수도 있다.
그러나 오직 현재에만 행동할 수 있다.
정신건강의 필수요소는 현재를 사는 것이다.

반드시 깨어나야만 하는 순간이 있다.
바로 지금이다.

나에게 따뜻한 한마디

내가 지금 어디에 있는지 알게 된다면
각각의 순간이 돌이킬 수 없는 기적임을 알게 됩니다.

당신은 언제 어떻게 죽을지 알 수 없다.
단지 지금 어떻게 살 것인지 결정할 수 있을 뿐이다.

—조안 바에즈(Joan Baez)

장애물
반대
낙관주의
열정
평화
인내
관점
놀이
기도
질문
재탄생
치료
기억
책임
위기
의식
안식일
자신
자기 절제
자기애

#장애물

한 왕이 길에 커다란 바위를 놓고는 숨어서 누가 바위를 치우는지 보았다. 왕국에서 가장 부유한 상인과 신하들은 이곳에서 바위를 쳐다보기만 했다. 이들은 왕이 길을 깨끗하게 치우지 않는다고 큰 소리로 불평했지만 아무도 바위를 치우지는 않았다. 한 소작농이 배추를 가득 싣고 나타났다. 바위에 도착한 그는 짐을 내려놓고 바위를 길옆으로 옮기기 시작했다. 안간힘을 쓰며 밀어낸 끝에 그는 마침내 성공했다. 소작농은 다시 배추를 지려고 일어섰다가 바위가 있던 자리에서 주머니를 발견했다. 주머니에는 금화가 한가득 들어 있었고, "길에 놓인 바위를 치운 사람에게 주는 상금"이라는 왕의 편지가 들어 있었다.

나에게 따뜻한 한마디
내 치유의 길에 놓인 장애물은
걸림돌이 아니라 징검다리입니다.

장애물이 없는 길은
아무 곳에도 닿지 않는다.
-프랭크 A. 클라크(Frank A. Clark)

#반대

인생의 정해진 틀을 벗어난 채 빛과 어둠이 뒤엉기는, 모순과 부조화가 교차하며 공존하는, 구분되어 있던 것들이 합쳐지는 당신만의 비밀장소는 어디인가?

"반대의 것들이 신성한 장소에서 서로 만나는 지금 이 순간이 마법이다." 『질병의 연금술』의 저자 캣 더프는 이렇게 말한다. "치유의 기적은 그러한 교차점에서 일어난다. 꼭 필요하거나 필연적인 것은 아닐지라도, 신이 내린 은혜의 순간에."

나에게 따뜻한 한마디

반대되는 욕망들 사이에서 혼란스러울 때도
치유의 가능성은 찾아옵니다.

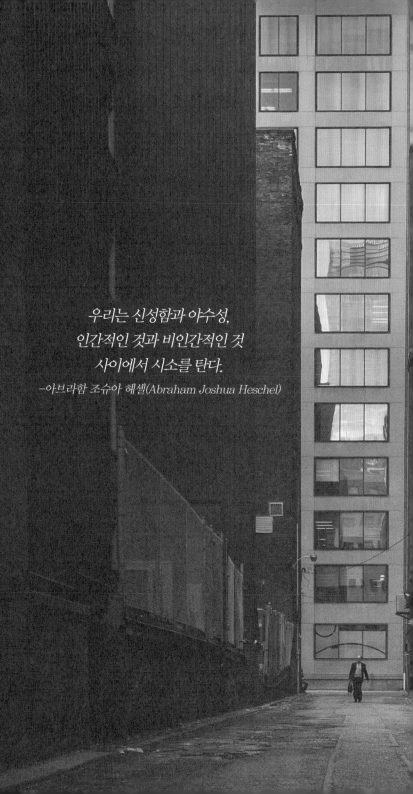

우리는 신성함과 야수성,
인간적인 것과 비인간적인 것
사이에서 시소를 탄다.
–아브라함 조슈아 헤셸(Abraham Joshua Heschel)

#낙관주의

낙관주의자는 상처를 보고
곧 흉터가 되리라고 생각한다.
비관론자는 흉터를 보고 상처를 떠올린다.

낙관주의는 고개를 높이 들고,
자신을 위한 미래를 주장하며,
적에게 미래를 내어주지 않는 것이다.

부지런히 씨를 뿌려라,
이것이 잘 될지, 저것이 잘 될지,
아니면 모두 잘 될지 알 수 없기 때문이다.

나에게 따뜻한 한마디
오늘 나는 '반이나 비어있는 잔' 이 아니라
'반이나 차있는 잔' 이라고 말합니다.

뭐든지 좋다, 라는 말은 옳다.

-그리스 속담

#열정

'열정(passion)'의 어원은 라틴어 'pati', 즉 '고통받다.' 라는 뜻이다. 만일 우리가 마음속 가장 깊은 곳의 열정을 무시한다면 고통 받을 것이다. 기회를 찾으려 나 자신을 움직일 조종대에 앉을 때마다 두려움이 막아설 것이다. "열정이 더 이상 정신에 물도, 영양분도 공급하지 않는다면 버려진 들판의 메마른 흙에서 잡초가 솟아나듯 두려움이 자라날 것이다." 킨은 현대인이 좌절과 우울감을 겪는 주된 이유는 열정적으로 창조성을 발휘하거나 삶에 의미를 부여하지 않기 때문이라고 본다. 열정적으로 사는 사람이라면 현재의 모습에 갇혀 꼼짝도 못하는 일은 일어나지 않는다. 반대로, 열정적인 사람은 자신이 원하는 모습이 되어 꽃을 피우기 시작할 것이다.

나에게 따뜻한 한마디

열정적인 사람은 자신이 원하는 모습이 되어
꽃을 피우게 됩니다.

삶이란 곡예사처럼 줄을 타는 것이다.
줄을 타지 않는 시간은 기다리는 시간이다.

-칼 월렌다(Karl Wallenda)

#평화

지난 크리스마스에 누군가 "희한한" 평화에 대한 이야기를 들려주었다. 1914년 1차 세계대전이 벌어지던 유럽의 크리스마스 날에 벌어진 일이다. 크리스마스 전날 밤 피로 물든 전장에 어둠이 드리웠을 때, 스물다섯 살의 에드워드 헐스 중위는 이상한 사건에 대해 적었다.

F. 마커라는 이름의 정찰병이 정찰을 나갔다가 독일 수색대를 만나 위스키 한잔과 담배와 쪽지를 받고 돌아왔다. 쪽지에는 이렇게 쓰여 있었다. "우리가 쏘지 않았다면 그들도 우리를 쏘지 않았을 것이다." 그날 밤 교전이 갑자기 멈추었다. 다음날 아침 독일 장군들이 영국 선선을 향해 걸어 나왔고 영국은 그들의 적을 맞으러 나갔다. 그들은 서로 기념품을 교환했다. 영국군은 독일 장교들에게 크리스마스 인사로 건포도 푸딩을 건넸다. 곧 합의가 이뤄졌는데 누구의 것도 아닌 땅에 쓰러져 죽은 영국 장교들을 묻어주자는 것이었다. 독일군은 시신을 가져왔고, 서로의 기도가 오고 갔다….

또 다른 영국군 두건 채터 소위는 참호에 있다가 그날의 크리스마스에 대해 기록했다. 두 명의 독일군이 참호에서 나와 자신의 진지로 향할 때였다.

그들을 향해 곧장 발포하려던 참이었다. 그런데 그들이 라이플총을 갖고 있지 않다는 걸 발견하고는 우리 중 하나가 그들을 만나러 뛰어 나갔다. 대략 2분 후, 두 전선의 참호와 참호 사이에서 양 측의 장교들과 군인들이 서로 악수하며 행복한 크리스마스를 기원하는 인사를 떠들썩하게 나누기 시작했다.

상급자가 복귀 명령을 내릴 때까지 이는 거의 한 시간 동안 지속되었다.

나에게 따뜻한 한마디

이 세상의 평화는 나에게서 시작됩니다.

평화로움을 알게 되면
우리는 치유 받고 또 변화할 것이다.
그것은 신념이 아니라 연습의 문제다.
-틱낫한(*Thich Nhat Hanh*)

#인내

어려움을 빠져나가는 가장 좋은 방법은
헤쳐 나가는 싯이다.
그 문을 열 수 없다면 다른 문을 열 것이다.
그도 아니라면, 새 문을 만들 것이다. 현재가 아무리 암울해
도 멋진 미래는 반드시 찾아온다.

제이콥 리스는 이렇게 썼다. "아무것도 날 도와주지 않는 것
같을 때, 나는 돌을 내리치는 석공을 바라본다. 그들은 금도 가
지 않는 돌에 100번씩이나 망치질을 한다. 돌은 101번이 되는
순간 둘로 쪼개진다. 나는 돌이 부서진 것은 마지막의 내리침
때문이 아니라, 그 전부터 두드려온 것이 쌓였기 때문이라는 사
실을 알고 있다."

나에게 따뜻한 한마디
인내심을 갖고 치유의 여정을 걷는다면
작은 걸음과 큰 걸음 모두가 중요하다는 것을
알게 됩니다.

산을 없애는 자는
작은 돌을 옮기기부터 시작한다.
−중국 속담

#관점

"우리는 다른 사람이 아닌 자신의 입장에서 생각한다." 작가 아나이스 닌은 말했다. 무언가가 우리를 뿌리까지 흔들며 세상을 거꾸로 뒤집어 놓을 때가 있다. 이때 균형감 있게 대처하려면, 우리는 어떤 관점으로 세상을 바라볼지 조심스럽게 선택해야 한다. 그렇게 해야 몸과 마음과 영혼으로 느낀 것을 소중히 하고, 내가 어떤 고통을 겪고 이는지 깨달아 거꾸로 된 세상을 돌려놓을 수 있다. 그리고 끝없는 지혜를 발휘해 우리의 고통, 아픔과 뒤집어진 세상을 바로 세워줄 방법을 알려주고 싶어 하는 사람들을 소중히 여길 수 있다.

나에게 따뜻한 한마디

나만의 관점으로 삶을 바라보며 소중히 여깁니다.

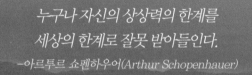

누구나 자신의 상상력의 한계를
세상의 한계로 잘못 받아들인다.
—아르투르 쇼펜하우어(Arthur Schopenhauer)

#놀이

놀이를 멈추지 말아야 한다.
우리는 늙기 때문이다.
놀이를 멈추기 때문에 늙는 것이다.

마음이 우울해지면 몸도 우울해진다.
이는 세포 단위까지 전달된다.
놀이를 통해 당신의 에너지를 끌어올리는 것을
첫 번째 목표로 삼아라.
놀이를 통해 에너지를 충전하고 절망을 벗어나라.

나에게 따뜻한 한마디

치유의 놀이를 경험하기에 늦은 때란 없습니다.

인생을 놀이처럼 살라.

−플라톤(Plato)

#기도

기도에 어떤 효과가 왜 나타나는지는 모르지만, 난 기도에 효과가 있다는 것을 안다. 수많은 증거가 그런 믿음을 뒷받침한다. 예를 들어 작가이자 물리학자인 래리 도시는 수많은 변수를 이용한 연구논문을 발표했는데 일반적으로 기도, 혹은 그와 비슷한 연민, 공감, 사랑의 감정이 다양한 사람들이 건강해지는 데에 도움을 주었다는 것이다. "이는 기도가 늘 효력이 있다는 것을 의미하진 않는다." 도시 박사는 말한다. "이를테면 약이나 수술보다 효과가 큰 것은 아니다. 하지만 통계적으로는 효과가 있음이 나타나고 있다."

통계자료가 기도의 효과에 대한 근거가 되어주기는 하지만, 이미 기도의 치유력을 경험한 사람에게는 새로운 내용이 아니다. 통계는 의심하는 사람들에게 유효할 뿐이다. 기도의 힘을 온 몸으로 경험한 나에게도 마찬가지다. 나는 그것을 장인에게 마지막 작별인사를 하기 위해 가족들과 함께 병원에 모이던 날 실감했다. 장인인 에드는 희귀 심장질환으로 생명이 위태로운 상태였다. 우리는 더 이상 취할 수 있는 의학적 조치도, 기적도 없다는 것을 알고 있었다.

나에게 따뜻한 한마디

기도는 몸과 마음, 영혼의 작고 고요한 목소리입니다.

기도는 신을 바꾸는 것이 아니라,
기도하는 사람을 바꾼다.
－쇠렌 키에르케고르(Søren Kierkegaard)

#질문

"왜 하필 나일까? 왜 지금일까? 왜 안 될까? 이제 난 무엇을 해야 할까? 왜 해야 할까?"

질병과 죽음에 의한 고통, 절망, 불안과 두려움을 겪는 다른 많은 사람들처럼, 우리는 질문에 대한 답만 얻으면 내 인생의 닳아 해진 부분이 고쳐질 것이라고 생각했다. 하지만 그게 아니란 것을 내 마음과 영혼이 더 잘 알고 있었다. 머릿속으로 질문을 던질 때마다 대답 대신 시인 라이너 마리아 릴케의 시구가 떠올랐다. "마음속에서 풀리지 않는 모든 것을 인내하며, 질문 그 자체를 사랑하라." 릴케는 말했다. "지금 답을 찾지 말라, 그대에게 주어지지 않을 것이므로. 그 답처럼 살 수 없을 것이므로. 중요한 것은 모든 것을 살아보는 일이다. 지금 그 문제를 살라."

나에게 따뜻한 한마디

내 마음속에서 풀리지 않은 모든 것을 인내하며
답이 주어지지 않은 질문을 사랑합니다.

인생은 무언가를 알아가는 것이 아니라
다음에 일어날 일을 모르는 채 변화하고,
순간을 포착하며, 최선을 다하는 것이다.
인생은 달콤한 애매함이다.

−길다 라드너(Gilda Radner)

#재탄생

꽉 찬 삶을 산다는 것은
각각의 순간을 떠나보내며 죽고,
새로운 순간 속에서 다시 태어나는 것이다.

세상에 순응하지 말고
마음을 새롭게 하여 스스로 변화하라.

<u>나에게 따뜻한 한마디</u>
관심과 성찰이 새로운 삶을 일깨웁니다.

매일 매일이 새로운 삶이다.
그것을 잡으라. 그것을 살라.

−데이비드 가이 파워스(David Guy Powers)

#치료

감기약, 제산제나 상처에 붙이는 밴드가 대부분의 표면적인 증상은 가려주겠지만 질병과 불편함의 근원까지 치유할 수는 없을 것이다. 기본적인 면역체계 이상을 간과하고서 근본적으로 치유했다고 말할 수는 없기 때문이다. 전체적인 문제의 핵심에 접근하여 진정으로 치유하려면 안과 밖, 과거와 현재에 존재하는 모든 질병 요인을 알아내야 한다. 그래야만 몸 스스로에게서 건강한 반응을 이끌어낼 수 있다.

즉효약이 거의 모든 문제를 해결하는 요즘 시대, 시간을 들이고 과정을 거쳐서 우리의 상처가 단순히 육체적으로만이 아니라 감정적, 정신적으로도 아픔을 준다는 것을 알아야 진정한 치유가 될 수 있다. 치료를 했음에도 낫지 않을 수 있다는 사실을 우리는 받아들일 수 있어야 한다.

나에게 따뜻한 한마디
나의 내면에 치유의 능력이
존재한다는 것을 알아갑니다.

186

매일 나는 어떤 방식으로든 더욱 나아지고 있다.

-에밀 쿠에(*Emile Coue*)

#기억

기억은 대개 추억의 회상을 의미한다. 그러나 자신을 여러 명으로 쪼개듯이 기억해본다면, 과거와 현재를 더욱 단단히 이어주는 사건에 대해 떠올릴 수 있을 것이다. 그뿐 아니라 조각나고 분리된 나 '자신들'의 조각을 다시 이어 붙이는 과정에서 치유의 길에 들어설 수 있다.

심리학자이자 작가인 엘리자베스 보이든 호워스는 말했다. "우리의 깊은 내면에서는 어긋난 부분들을 치유하려는 분투가 언제나 이뤄지고 있다. 어긋난 것은 우리 자신의 산산 조각난 내면이기도 하며 의식과 무의식, 정신과 물질, 빛과 어둠, 상부와 하부, 사람과 사람 간의 어긋남이기도 하다. 이것을 알고 어긋남을 치유하는 데 헌신하는 것은 곧 신의 과업을 돕는 것이다."

나에게 따뜻한 한마디

용기를 내어 잃어버렸거나 잊어버린 나의 본질을
기억해내면 나의 몸과 마음과 영혼이 일치됩니다.

188

지나가버린 곤경을 떠올리는 것은
얼마나 달콤한가!

−그리스 속담

#책임

어느 날 하루 종일 비가 내렸다. 홍수가 마을을 덮치자 예체르 씨는 지붕 위로 피신했다. 하지만 물이 계속 차올라 지붕에 닿았고 그를 집어 삼키기 직전이 되었다.

그때 한 남자가 보트를 타고 다가왔다. "뛰어내려요!" 남자가 소리쳤다. 하지만 예체르 씨는 말했다. "아니요, 괜찮습니다. 전 믿음이 강한 사람입니다. 신께서 저를 구해주실 겁니다."

물이 계속 차올라 예체르 씨의 발목이 잠겼다. 그는 확고한 자세로 구원을 기다렸다. 헬리콥터가 그의 위를 맴돌며 출렁거리는 줄사다리를 그의 코앞에 늘어뜨렸다. "아니요, 괜찮습니다." 예체르 씨는 헬리콥터 구조대원을 팔로 밀어내며 말했다. "저는 믿음이 강한 사람입니다. 신께서 틀림없이 저를 구해주실 겁니다."

잠수부들이 그를 구해주려고 헤엄쳐 왔을 때도 마찬가지였다. 예체르 씨는 그들의 도움과 자신에게 던져준 구조장비를 거부했다. 결국 그는 물에 빠져 죽었다. 하늘에 올라간 그는 신을 만났고 왜 자신을 구해주지 않았느냐고 물었다.

"너에게 도움을 주었느니라." 신은 답했다. "처음에는 보트를 보냈고, 그 다음엔 헬리콥터를 보냈고, 그 다음엔 잠수부를 보냈고, 구조장비를 보냈다. 너는 너의 몫을 하지 않았구나."

1500년 전, 한 위대한 유대인 랍비는 사람들에게 '기적에 의지하지 말라'고 조언했다. 그는 "밀이 곧바로 빵이 되는 것은 아니다"라고 했다. 우리는 빵을 만들기 위해 밀을 빻고 구워야 한다. 마찬가지로 자신의 행복을 위해서는 자기 몫의 책임을 다해야 한다.

나에게 따뜻한 한마디

행복해지기 위한 내 몫의 책임을
기꺼이 받아들입니다.

신은 짐과 함께 그것을 일 어깨를 내려주셨다.

−유대인 속담

#위기

위기가 닥쳐와야 삶의 깊이를 느낄 수 있다.

꽃봉오리처럼 숨겨진 위험은
꽃처럼 피어나는 위험보다 더 고통스럽다.

어려워서 하지 않는 것이 아니라,
하지 않아서 어려운 것이다.
뛰어라, 그러면 골대가 보일 것이다.

나에게 따뜻한 한마디

안전을 위한 안전을 택하는 것은
진정한 삶이 아닙니다.

가장 큰 이익은
가장 심각한 위기로부터 창출된다.

— 중국 속담

#의식

의식은 마음을 바쳐 행하는 일상적 행위다.
그것은 신성한 습관이다.

의식만으로 모든 것이 끝난다면,
우리는 형식에 갇혀 그 미덕을 전하지 않는 것이다.

치유의 의식은 깊고도 신성하다.
변화, 혼돈, 질병, 죽음으로 흐트러지지 않도록
우리의 삶을 새로이 단단히 다지도록 의식을 행하면,
균형과 조화가 이뤄져 활기를 되찾을 것이며
그 순간 우리에게 필요한 것을 충족하게 될 것이다.

나에게 따뜻한 한마디
치유의 의식은 내 삶의 닳아 해진 곳을 고쳐줍니다.

땅에 무릎 꿇고 입맞춤할 방법은
수백 가지나 된다.

–루미(Rumi)

#안식일

안식일이란 휴식의 기간을 말한다.

안식일은 자신을 되찾기 위해
흔들리기도, 멈추기도 하는 시간이다.

정신적으로, 휴한기는 파종기만큼이나 중요하다.
마찬가지로 몸도 너무 많이 경작하면 고갈된다.
안식일을 기억하라, 그리고 그것을 신성히 하라.

나에게 따뜻한 한마디
안식일의 매 순간 나의 몸과 영혼은 치유됩니다.

지옥의 죄인도 안식일에는 쉰다.

−유대인 속담

#자신

가족치료사이자 작가인 랍비 에드윈 H. 프리드먼은 신선한 우화를 썼다. 그의 「다리」라는 작품에는 생각이 많은 남자가 등장한다. 남자는 수많은 시도와 도전, 후퇴, 성공, 실패를 통해 자신이 원하는 것과 그것을 얻을 방법을 알아냈고, 마침내 기회를 찾아냈다. 그것을 빨리 얻기 위해 그는 전력을 다 해야 하며, 그러지 않으면 그 기회를 놓칠 것임을 알았다. 그것은 다리를 건너는 일이었다.

남자는 서둘러서 매우 높은 다리에 올라갔다. 그가 건너려는데 한 나그네가 다가왔다. 그는 남자와 비슷한 차림이었고 허리에 밧줄을 감고 있었다. "실례합니다." 나그네가 말했다. "이 밧줄을 잡아주시겠습니까?"

남자는 놀라서는 밧줄을 잡았다. 남자는 본능적으로 줄을 꽉 잡고 온몸에 힘을 주었다. "왜 이러는 겁니까?" 남자가 물었다.

"기억하세요. 당신이 놓으면 저는 떨어질 겁니다." 나그네가 대답했다. "저는 당신의 책임감입니다. 제 목숨이 당신에게 달렸습니다. 그러니 꽉 잡으세요."

아, 도움을 받거나 짐을 덜려고 할 때마다 번번이 실패하는구나. 그는 좌절한 채 밧줄을 허리에 감았다. 만일 놓는다면 자신의 행동이 죄책감으로 남아 마음이 괴로워질 것 같았다. 그러나 여기에 계속 머무른다면 나그네를 구출하는 데 시간을 모두 소모해버릴 것이다. 그는 목표에 좀 더 충실하지 않으면 모든 잃을 것이란 것을 깨달았고, 갑자기 자신이 해야 할 일을 깨달았다.

"잘 들으세요." 그는 허리에 감은 줄을 풀면서 말했다. "저는 당신의 삶을 결정하지 않겠습니다. 이로써 당신의 삶을 선택할 권리를 당신에게 돌려드리겠습니다. 당신이 끝을 결정하십시오. 저는 평형추 역할을 하겠습니다. 줄을 잡아당겨 스스로 올라오세요."

나그네는 소리쳤다. "이러지 마세요. 그렇게 이기적으로 행동하면 안 됩니다. 저는 당신의 책임이란 말입니다. 저에게 이러지 마세요."

남자는 한동안 친절하게 서 있었고 줄이 팽팽해지지 않는 것을 느꼈다. "당신의 선택을 받아들이겠습니다." 그는 말했다. 그리고는 손을 놓았다.

나에게 따뜻한 한마디

나는 나 자신이어야 합니다.

모든 심리학의 주제는 단 하나다.
'나'는 어디에 존재할까?
'나'는 어디에서 시작될까?
'나'는 어디에서 멈출까?
-제임스 힐먼(James Hillman)

#자기 절제

완벽하게 스트레스가 없는 환경은
무덤이나 다름없다.
당신의 의식을 바꾸어 절제력을 가지라.
이때 스트레스는 위협이 아니라 도전 대상이 된다.
감정에만 빠지기보다 실제로 행동에 옮긴다면
스트레스를 관리할 수 있다.

당신은 몸에 대한 생각을 바꿀 수 있다.
그것을 깨닫는 순간
수많은 아이디어가 자유롭게 떠오를 것이다.
또한 몸은 당신 편이 될 것이다.

타인을 정복하는 자는 강하다.
자신을 정복하는 자는 더 강하다.

나에게 따뜻한 한마디
주변을 다스릴 수 없을 때
절제할 수 있는 것은 자신뿐입니다.

나는 나의 지휘자다.
-라틴 속담

#자기애

교육자이자 랍비인 조슈아 로스 리브먼은 우리가 "자신이 어떤 사람이며, 어떤 사람이 되어야 한다는 강박에 사로잡혀 있다"고 말했다. 그는 우리가 자기 자신을 사랑한다고 생각하지만, 많은 경우 "자기 자신에 대해 병적으로 과도하게 신경 씀으로써 자신의 목을 조르거나 질식사시키고 있다"며 "자신의 능력과 미덕에 대해 잔인한 경멸을 계속하거나, 자신을 삶의 중심에 두지 않은 채 무의식적으로 희생자가 되어 간다."고 한다.

리브먼은 파괴적인 마조히즘적 자기혐오에 지나지 않는 거짓된 자기애, 즉 나르시시즘에서 자유로워지면 자신과 타인에게 친절해질 수 있다고 말한다. 그러면 우리는 자기애의 길로 들어서게 된다. 이는 많은 것을 의미한다. 자기애는 자기 존중에서 비롯된다. 그러므로 "자신을 받아들일 줄 모르는 사람은 자신을 존중할 수 없다"고 그는 말한다.

나에게 따뜻한 한마디

나를 존중하고, 수용하고, 사랑하는 만큼 타인을
사랑할 수 있습니다.

어찌 하여 평생 동안
당신의 영혼과 함께 잠들었던
당신의 몸과 사랑에 빠지지 않는가?
―스튜어트 에머리(Stewart Emery)

\# 침묵
\# 미소
\# 고독
\# 영혼
\# 정신
\# 이야기
\# 힘
\# 굴복
\# 눈물
\# 생각
\# 시간
\# 접촉
\# 신뢰
\# 진실
\# 목소리
\# 온전함
\# 의지
\# 지혜
\# 말

#침묵

헬렌 켈러가 느낀 침묵은 어떤 것이었을까? 음악이 갑자기 흘러나오시 않을 때 느끼게 되는 그 침묵일까? 네게 지금 겪고 있는, 자갈의 사각거리는 소리가 끝없이 들려오는 상태의 침묵일까? 아니면 그 전과 후에도 아무것도 없는 무(無)의 상태의 침묵일까?

침묵의 시간은 치유의 언어를 듣는 시간입니다.

인생에서 가장 감동적인 순간은
말없이 찾아오지 않던가?

—마르셀 마르소(Marcel Marceau)

#미소

당신은 미소 짓는 것이 편한가? 아니면 찌푸리는 것이 더 익숙한가? 힘들이지 않고 얼굴에 미소를 띠어 당신의 마음을 환하게 만들어주는 사람이 있는가? 추측건대 우리가 혼자 있는 그들을 훔쳐볼 수 있다면, 그들이 깊은 고통을 느낄 때조차 미소 짓는 걸 볼 수 있으리라.

미소는 평화롭고 기쁨으로 가득한 삶에 대해 관심을 갖고, 또한 그렇게 살도록 우리를 이끌어준다. 나뭇가지, 이파리나 그림을 보면서도 미소를 떠올려라. 상냥한 마음과 넓은 이해심으로 하루하루를 보내는 데 도움이 될 것이다. 입술에 아주 작은 미소의 싹을 틔우는 것만으로도 얼굴의 모든 근육이 이완되고, 걱정과 피곤이 사라지고, 감성이 풍부해지고, 평온해지고, 잃어버렸던 마음의 평화가 찾아올 것이다.

나에게 따뜻한 한마디
미소는 나와 내 주변을 행복하게 합니다.

212

미소를 우산 삼아 하늘을 보라.
그러면 비에 얼굴이 젖을 것이다.

−개리 라비노비츠(Gary Rabinowitz)

#고독

우리 집과 이웃집 사이의 담벼락에는 어둡고 좁은 공간이 있었다. 나는 차갑고 빨간 벽돌과 모르타르로 된 그 굴에 기어 들어갔다. 얼마 안 되어서, 나는 그 굴속에서 할 수 있는 일이 상처 입은 동물처럼 웅크리는 것뿐이 아니라는 걸 알게 되었다. 나는 다른 목적을 위해 그곳에 숨게 되었다.

어릴 때는 안전해지기 위해 고독을 찾았다. 요즘은 내 삶을 평온한 마음으로 돌아보기 위해 고독을 찾는다. 어릴 때는 산산조각난 정신과 영혼을 추스르기 위해 춥고 어두운 장소에서 고독을 찾았다. 요즘은 따스한 햇볕을 쪼이기 위해 고독을 찾는다. 그 고독은 언제나 나에게 괜찮다고, 너는 건강하다고 속삭여준다.

나에게 따뜻한 한마디

고독의 시간은 새로운 삶을 위해
충전하는 시간입니다.

214

누구에게도 나누어주지 않은 고독한 마음이
고통을 덜어주는 가장 좋은 약이다.

－라틴 속담

#영혼

영혼을 보살피기 위해서는 먼저 그것을 존중해야 한다. 토마스 무어는 조언한다. "지키다(observance)라는 말은 종교와 의식에서 비롯됐다. 그것은 마치 휴일을 지키듯, 어떤 것에 주의를 기울이면서도 소중히 해야 한다는 의미이다. 그런데 영어 단어 observance에서 'serv'는 원래 양을 보살핀다는 뜻이다. 영혼을 지킨다는 것, 나의 양들에게 시선을 고정한다는 것은 영혼이 어디를 돌아다니며 풀을 뜯든지, 혹은 무언가에 중독되거나, 멋진 꿈을 꾸거나, 힘든 기분을 느끼든지 관계없이 그것을 보살핀다는 뜻이다."

사신이 영혼을 보살피고 있다는 것을 일상 속에서 어떻게 알 수 있을까? 무어에 따르면, 불신과 두려움이 아니라 연민을 느끼기 시작할 때, 복잡한 마음과 혼란으로부터 자유롭고 싶어질 때, 기쁨이 평소보다 마음속 깊이 느껴질 때라고 한다. 영혼은 그 자체가 목적이자 끝 지점이기 때문이다.

나에게 따뜻한 한마디
나의 영혼을 지키고, 존중하고, 돌아보며 보살핍니다.

건강한 몸은 건강한 영혼에 달렸다.

−메나헴 멘델 슈니어슨(Manachem Mendel Schneerson)

#정신

　시인 T.S. 엘리엇도 말했듯, 그 여행에서 중요한 것은 바깥에서 무엇을 찾는 것이 아니기 때문이다. 무엇이 중요한지는 여행의 끝 무렵에야 알 수 있다. 당신이 이미 알고 있지만 몰랐던 내면의 문이 있다. 그 문을 통과해보라. 당신은 처음 시작했던 바로 그 장소로 되돌아오게 될 것이다.

　나는 '내면의 문'을 한 번도 여행해보지 않은 사람들을 많이 보았다. 그들은 알콜, 약물, 음식에 중독된 사람들이다. 그들의 영혼은 억눌려 있으며 무언가에 꽁꽁 싸매져 있다. 그들은 고통에 정신이 멍해지거나, 우울해하거나, 장황설을 늘어놓는다. 잘못된 방식으로 종교에 의지하는 사람들도 있다. 그들은 종교적 의식이나 희생, 수행, 지도자의 도움을 받으려 하시 않는다. 결국 자기 안에 갇혀 내면의 문을 열 기회조차 잃어버린다.

　자신을 정신적으로 이해하기 위해
　반드시 종교를 찾을 필요는 없다.
　당신이 아는 자신, 마음속 깊은 곳으로부터
　느껴지는 자신에 대한 이해면 충분하다.

나에게 따뜻한 한마디
나의 정신은 완전하고, 신성하며, 치유됩니다.

진정한 치유의 기술은 그의 정신이
밝게 빛나도록 해주는 것이다.

−산드라 잉거먼(Sandra Ingerman)

#이야기

하버드의 한 교수는 12년 동안 조그만 무지개 색깔 가방에 '노예의 사슬'을 넣고 다녔다. 그 교수의 증조할아버지가 남북 전쟁 시대에 노예 시장에서 가져온 것이었다. 그는 이렇게 말했다. "저는 이 사슬을 가지고 다니면서 할 일을 되새깁니다. 당신은 사람들을 가둔 사슬을 부숴줄 수 있습니다. 마음의 사슬도, 삶의 사슬도요. 이야기는 영원한 것이고, 우리는 모두 전달자가 될 수 있습니다. 당신이 해준 이야기는 기도가 되어 다른 사람을 치유하고, 그들의 삶을 축복해줄 수 있습니다."

우리는 영혼을 치유하기 위해 이야기하며,
그리고 나서야 몸과 마음의 치유를 시작할 수 있다.

나에게 따뜻한 한마디
당신이 들려주는 치유의 이야기는
듣는 이의 삶을 축복해줍니다.

좋은 이야기는 두 번 들어도 좋다.

―영국 속담

#힘

모두가 세상을 등지고 동굴 속에 숨거나 좌절을 하는 건 아니다. 이따금 우리는 사고, 질병이나 통제할 수 없는 환경 때문에 나락에 떨어진다. 그러나 어떤 이유로 빠졌든, 우리는 몸과 정신과 영혼이 빠져나오도록 상처를 치유하기 시작해야 한다. 이솝 우화와 버드의 이야기는 모두 비슷한 교훈을 준다. 만일 당신이 구덩이에서 빠져나올 수 없다면, 누군가에게 힘을 빌려준 적 있는, 그리고 당신에게 길을 제시할 수 있는 사람의 손을 잡으라. 빠져나갈 때는 한 번에 한 걸음씩 딛자. 그 걸음들은 더 많이 누적되어야만 의미가 있기 때문이다. 명심하자. 당신의 진정한 힘은 기다릴 때와 갈 때를 알아야 발휘된다. 즉 언제 자신을 믿어야 할지, 신을 믿어야 할지를 구분할 줄 알아야 한다는 의미다.

나에게 따뜻한 한마디

자신의 약점을 알면 어디가 더
강해져야 하는지 알게 된다.

나는 언제나 자신의 밖에서
힘과 자신감을 찾아다녔지만,
그것은 안에서 나오는 것이었다.
그것은 나의 내면에 존재한다.

─안나 프로이트(Anna Freud)

#굴복

'굴복'이라는 단어는 어떤 사람에게는 부정적인 느낌을 준다. 반면 건강을 해치는 행동을 일삼는 사람들은 이 단어를 긍정적으로 볼 수도 있다. 어떤 경우이든 우리가 어떤 사물이나 사람에게 굴복한다는 것은, 그 대상이나 자신을 바꿀 힘이 부족하다는 것을 스스로 인정한다는 의미다.

우리 모두가 그런 느낌을 알 것이다. 어린 시절부터 우리는 언제나 가까운 사람의 충고에 굴복하지 않던가? 부모님이나 신뢰하는 사람에게는 기꺼이 그렇게 하기도 한다. 어떤 때는 압도적으로 강한 누군가에게 굴복한다. 학교에서 집단 따돌림을 당할 때, 또한 제도나 질병 등에 굴복하기도 한다. 자신의 삶의 굴복의 순간들을 돌아보자. 때로는 자신의 무력함을 인정하는 것이 단지 기계적인 반응이 아니라, 가슴에서 우러나오는 진실한 고백이 될 수도 있음을 알게 될 것이다.

나에게 따뜻한 한마디
나의 갑옷을 내려놓고, 마음을 엽니다.

사랑은 모든 것을 정복한다.
사랑 앞에 굴복하라.

－버질(Virgil)

#눈물

눈물에는 신성함이 있다.
그것은 1만 개의 입보다 유창하게 말한다.

눈물을 흘릴 눈이 없다면,
영혼에는 희망이 없을 것이다.

귀 기울여 들으라 온통 예상치 못하게 구획된
지표면에 아무렇게나 놓아진 갑작스런 눈물을
사랑하는 이는 안다 소리, 몸짓, 노래, 한숨
그리고 당신이 아주 깊은 곳까지
흔들린 채로 거기 있다는 것을.

나에게 따뜻한 한마디

눈물은 죽음의 그림자가 드리운 골짜기를
건너게 해줍니다.

내면에는 눈물을 위한 장소가 있다.

−조하르(Zohar)

#생각

당신의 사고방식이 당신에게 맞는지 판단하려면
다음과 같이 질문하라.
그것이 당신의 내면에 평화를 가져다주는가?
그렇지 않다면, 뭔가 잘못된 것이다.
그러니 새로운 방식을 찾아라!

옳거나 그른 것은 없다.
우리의 생각이 그렇게 만든다.

어제 무엇을 생각했는지 궁금하다면,
오늘 당신의 몸을 보라.
내일 몸이 어떨지 궁금하다면,
오늘 당신이 한 생각을 돌아보라.
나는 내가 생각하는 것이다.
우리는 생각으로 인해 존재한다.
우리의 생각이 세상을 만든다.

나에게 따뜻한 한마디
긍정적인 생각은 건강과 행복과 치유에
도움이 됩니다.

위대한 생각을 실천하면 위대한 행동이 된다.

-윌리엄 해즐릿(William Hazlitt)

#시간

당신은 '시간병'에 시달리는 사람들과 같은 부류인가? 당신은 빨리 지나가는, 슬쩍 지나가는, 날아가는, 째깍째깍 흘러가는, 다 떨어져가는 시간을 지키느라 스트레스를 받고 있지는 않은가? 시간을 소모하고, 보내버리고, 낭비하고, 잃을까봐 걱정하는가? 시간을 상품처럼 훔치고, 빌리고, 사려 하는가? 최근 당신의 시간이 멈췄던 때, 관리했던 때, 혹은 남아돌던 때는 언제였는가?

"시간이 모든 상처를 치유해준다"는 사실은 누구나 안다. 하지만 시간으로 곡예를 부리듯 아슬아슬하게 살거나, 시간부족에 시달리는 사람들에게 그것이 현실적으로 가능할까? 어떻게 하면 시간에 굶주리지 않을 수 있을까? 어떻게 하면 이 상황을 바꾸어, 내가 나를 조종하는 조종대에 앉고, 시간이 우리를 조종하지 않게 할 수 있을까?

나에게 따뜻한 한마디

지금 이 순간에 충실하다면, 시간은 나를 도와줍니다.

230

시간은 치유하지 않는다.
그러나 치유에는 시간이 필요하다.
—데보라 모리스 코리엘(Deborah Morris Coryell)

#접촉

접촉에는 그것에 대한 언어와 생각을 넘어서는
신비한 치유의 힘이 있다.

지성이 아무리 애를 써도 소용없는 난제를
가끔은 손이 해결할 것이다.

나에게 따뜻한 한마디
치유를 위해 내 마음을 어루만집니다.

모든 군중이 그를 만지려 하자,
그에게서 힘이 나타나
그들 모두가 치유되었다.
―누가 6:19

#신뢰

우리의 삶은 누구를 왜 믿어야 하는지 가르쳐준다. 그 이유는 우리가 흔히 생각하는 것보다 간단하다. 우리를 한 장소에서 다른 곳으로 안전하게 안내해줄 수 있고, 아플 때나 건강할 때나 도움을 줄 수 있기 때문이다. 그런 사람을 신뢰해야 할 것이다. 그리고 자신도 상대방에게 그런 사람이 되어야 할 것이다.

삶을 신뢰하라, 그러면 삶은 당신이 기쁨과 슬픔을 통해 무엇을 알아야 할지 가르쳐줄 것이다.

나에게 따뜻한 한마디

오늘 내가 신뢰하는 사람들에게 감사합니다.

자신을 신뢰하라,
그러면 어떻게 살아야 하는지 알게 될 것이다.

−요한 볼프강 폰 괴테(Johann Wolfgang Von Goethe)

#진실

모든 진실을 말한다는 것이 무슨 뜻일까? 거짓말하지 않는 것과 모든 진실을 말하는 것에 무슨 차이가 있을까? 마지막 남은 진실까지 모두 털어놓는다는 것일까? 나의 내면과 외부 세계가 일치시킨다는 것일까? 그것은 나의 매력적이고, 아름답고, 호소력 있고, 선한 면과 또한 혐오스럽고, 못생기고, 매력 없고, 악한 면까지도 모두 드러낸다는 것일까? 진실을 말하는 순간 직감적으로 다른 것이 진실이라는 것을 깨닫는다면 어떻게 되는 것일까? 그렇다 해도 아무에게 해가 되지 않는다면 상관없을까? 나와 다른 사람의 치유에 걸림돌이 되는 진실을 말하지 않는 것은 어떨까? 모든 진실이 우리를 나아지게 하고 병을 치유해준다는 것이 무슨 의미일까?

"진실의 전제조건은 고통을 이야기하는 것이다." 아프리카계 미국인 교수인 코넬 웨스트가 말했다. 그 이야기에 예수나 피 흘리는 여자가 등장한다는 것은 중요하지 않다. 중요한 것은 우리의 고통까지 포함하는 모든 진실을 이야기할 때 우리 모두가 치유 받을 수 있다는 사실이다.

나에게 따뜻한 한마디

모든 진실에는 치유의 힘이 존재합니다.

자기 자신의 등불이 되라. 자신을 신뢰하라.
유일한 진실인 당신만의 진실을 지켜라.

—붓다

#목소리

진실로, 몸은 영혼의 옷이며
생생한 목소리를 가지고 있다.
그러므로 몸과 영혼이 목소리를 통해
신을 찬미하는 것은 자연스러운 일이다.

프로이트에 따르면 모든 치료는
'말을 통한 치유'도 포함한다.
모든 환자는 입에서 입으로 전하는 치료법이 필요하다. 대화
는 삶을 위한 키스이기 때문이다.

목소리를 통해 우리는 디베트인들이
'릭파'라 부르는 나라, 즉 비어 있는 동시에
명료한 의식 상태로 들어갈 수 있다.
그것은 궁극적으로 우리를 깨달음으로 인도한다.

나에게 따뜻한 한마디
나의 본연의 목소리는 치유의 악기입니다.

238

마음에 가득한 것을 입으로 말하기 마련이다.

─마태오 12:34

#온전함

우리는 각자 자신을 치유하는 탁월한 능력을
가지고 있다. 다만 우리는 그것을 남에게
일깨워줄 수도 있어야 한다.

완전한 건강을 기준으로 볼 때,
우리의 생각과, 말과, 행동은
신체적 건강과 정신적 행복에 큰 영향을 미친다.

나아지길 소원하는 것도
나아지는 과정 중 하나다.

나에게 따뜻한 한마디

건강이라는 그림은 나 스스로 그리는 것입니다.

우리의 몸은 정원이요, 의지는 정원사다.

-윌리엄 셰익스피어(William Shakespeare)

#의지

당신이 아플 때,
내면의 가장 육중한 포병대가
당신의 삶의 버팀목이 되어줄 것이다.
그 큰 대포를 계속 쏘라.

힘은 육체적 능력에서 나오는 것이 아니다. 그것은 불굴의 의지에서 나온다.

'비밀의 좌선'이라는 시에서 시인 로버트 프로스트는 이렇게 썼다. "우리는 링에서 둥글게 춤추며 추측하지만, 비밀은 중심에 앉아서 벌써 알고 있다."

나에게 이 구절은 마치 인간의 삶의 의지를 빗대는 것 같다. 커다란 비밀 주변으로 빙빙 돌며 춤출 수 있지만 결코 닿거나 만질 수 없는 상황과 비슷하게, 그것은 인지할 수는 있지만 설명할 수는 없는, 눈에 보이지 않는 도약인 것이다.

나에게 따뜻한 한마디
삶에 대한 사랑은 삶에 대한 의지를
확고하게 해줍니다.

뜻이 있는 곳에 길이 있다.

-영국 속담

#지혜

인생을 살아보지 않고서는
지혜로워질 수 없다.

건강이 몸을 위한 것이라면,
지혜는 영혼을 위한 것이다.

지혜는 늘 허름한 망토 아래 숨겨져 있다.

몸의 지혜를 소중히 여기면 내 몸은 치유됩니다.

지혜는 마음과 지성이 만나는 곳에서 나온다.

−오쇼(Osho)

#말

다른 사람의 고통을 덜어주고 싶은 마음이
충분히 깊다면, 차이를 만들어낼 수 있는 말을
언제나 찾아낼 것이다.

치유의 기술에 없어서는 안 될 한 가지가 있다.
바로 격려다.

나에게 따뜻한 한마디

정성 들여 선택한 말은 타인과
나를 치유합니다.

말은 심장의 목소리다.

—중국 속담

카렌 골드먼 지음
정신, 심리, 건강 및 종교 분야를 아우르는 작가이자 피정 지도자, 컨설턴트, 기자이다.
'2011 영성분야 최고의 책'을 수상했으며, 저서로는 『문턱을 넘어서 질문 속으로: 신을 발견하고
자아를 찾다(Across the Threshold, Into the Questions: Discovering Jesus, Finding Self)』
등이 있다.

박현주 옮김
이화여대에서 사회학을 전공하고 한국저작권위원회에서 법률판례와 학술논문 등을 번역했다.
현재 전문 번역가로 활동 중이다.

나에게 따뜻한 한마디

2017년 02월 15일 1판 1쇄 인쇄
2017년 02월 20일 1판 1쇄 발행

펴낸곳| 파주 북스
펴낸이| 하명호
지은이| 카렌 골드먼
옮긴이| 박현주
주 소| 경기도 고양시 일산서구 대화동 2058-9호
전화| (031)906-3426
팩스| (031)906-3427
e-Mail| dhbooks96@hanmail.net
출판등록 제2013-000177호
ISBN 979-11-86558-09-6 (03190)
값 12,000원

- **파주 북스**는 '마음 속 깊이 간직하고 싶은 책'이라는 뜻입니다.
- 값은 뒷표지에 있습니다.
- 잘못 만들어진 책은 구입하신 서점에서 바꿔 드립니다.